MYSTERY

크리에이터 대회를 둘러싼
오싹오싹 미스터리한 사건!
유령의 소원을 들어주고
크리에이터 대회에서 우승해 볼까?
먼저, 인기 크리에이터가 되기 위한
규칙을 알려 줄게.

· 유령을 화나게 하지 않기!
· 끔찍한 벌레도 무서워하지 않기!
· 다른 콘텐츠를 베끼지 않기!

감수 · 이지연(영재교육원 강사 및 초등학교 교사)

서울교육대학교와 건국대학교 교육대학원 영재교육과 석사과정을 졸업한 후 현재 서울양천초등학교에서 학생들을 가르치고 있습니다. 서울특별시서부교육지원청 영재교육원(수 · 과학융합, 수학분야) 강사 및 서울특별시 지정 단위학교 수학영재학급 강사로 활동하였고, 서울특별시서부교육지원청 영재교육원(과학) 강사로 활동했습니다.

지음 · 정재은

출판 편집과 방송 작가 등 여러 직업을 통해 얻은 경험을 바탕으로 어린이 작가로 활동 중입니다. 그동안 지은 책으로는 《뚱핑크 유전자 수사대》, 《해인강 환경 탐사단》, 《정재승의 인간탐구보고서》, 〈스토리텔링 수학〉 시리즈의 《게임 수학》 《불가사의 수학》, 《스파이 수학》, 《로봇 수학》, 《드론 수학》, 《코딩 수학》 등이 있습니다.

그림 · 도니패밀리

신재환, 정동호 두 작가로 이루어진 만화팀으로, 만화 잡지 〈제트〉가 주관한 신인만화공모전에서 가작을 수상하며 만화계에 등단하였습니다. 펴낸 책으로는 《대한해협 비행하기》, 《어린이 첫 수수께끼 사전》, 《몰입영어 월드트레블》, 《구해줘 카카오프렌즈》, 《퀴즈! 과학상식 엔트리 코딩》 등이 있습니다.

2022년 8월 1일 초판 1쇄 찍음
2022년 8월 10일 초판 1쇄 펴냄

지음 · 정재은 **그림** · 도니패밀리
감수 · 이지연(영재교육원 강사 및 초등학교 교사)
채색 · 고금선 **표지 채색** · 김란희

펴낸이 · 이성호
펴낸곳 · (주)글송이

편집/디자인 · 이유미, 오영인, 임주용
마케팅 · 이성갑, 윤정명, 이현정, 김병선, 문현곤, 조해준, 이동준
경영지원 · 최진수, 이인석, 진승현

출판 등록 · 2012년 8월 8일 제2012-000169호
주소 · 서울시 서초구 능안말1길 1 (내곡동)
전화 · 578-1560~1 **팩스** · 578-1562
홈페이지 · www.gsibook.com

ⓒ 정재은, 2022

ISBN 979-11-7018-630-4 74410
  979-11-7018-419-5 (세트)

당신 자신을 방송하세요!

미국의 동영상 사이트인 유튜브(YouTube)는 이제 전 세계 사람들이
자유롭게 영상을 올리고, 영상을 시청하는 최대 규모의
사이트가 되었어요.
누구나 영상을 만들고 방송을 진행하는 크리에이터(유튜버)가
될 수 있기 때문에 많은 어린이 친구들이 크리에이터로 활동하고
있지요. 크리에이터는 인기도 아주 많아서 어린이들의
희망 직업 순위에서도 10위 안에 들 정도예요.
장난감, 요리, 음악, 동물 …… 정말 다양한 영상 채널이 있는데,
그중에서 아주 인기 있는 수학 채널도 있답니다.
그럼 지금부터 천재와 지한이, 그리고 수학 유령 마방진과 함께
인기 크리에이터가 되기 위한 모험을 떠나 볼까요?
물론 즐거운 수학 공부도 하면서 함께 모험을 떠나야겠지요?
평면도형, 입체도형, 길이와 무게의 단위 등 여러 가지 수학 개념과
창의 문제를 해결해 나가면서 수학을 쉽고 재미있게 배워 봅시다.

영재교육원 강사 및 초등학교 교사 이지연

유령 크리에이터를 조심해!

친구들, 오늘은 유튜브에서 뭘 봤어?
웃기는 영상? 아이돌 댄스? 장난감 영상?
모두 다 재미있게 보았다고?
유튜브를 즐기는 건 좋지만 조심해!
네가 좋아하는 크리에이터는 사람이 아닐지도 몰라.
꺅~ 그럼 뭐냐고? 너처럼 유튜브를 좋아하는 유령~
나, 탐정 유령 마방진이 유령 크리에이터를
잡으러 왔다가 놓쳤거든.
그냥 두면 유튜브 세상을 유령이 점령해 버릴지도 몰라.
거기 너! 상상력이 풍부하고 용감한 바로 너 말이야.
나와 함께 귀신산에 가서 유령 크리에이터를
유령 세계로 쫓아내자. 걱정하지 말고 나만 따라와!
무섭지만 신나는 모험이 될 거야.

From. 수학 탐정 유령

차례

프롤로그

키즈 크리에이터가 된 라이미 … 9

1 공포의 여왕에게 복수하다! … 17

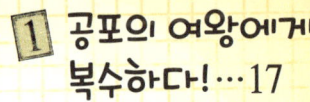

미스터리 유튜브 동영상의 시초 • 31

2 귀신산에서 일어난 사건 … 32

 미스터리 최초의 유튜브 동영상 • 45

3 크리에이터 선발 대회 … 47

미스터리 가상의 캐릭터인 가상 유튜버 • 59

4 엉망이 된 천재의 동영상 촬영 … 60

5 친구들에게 일어난 수상한 사고 … 72

6 피타고라스 유령이 낸
　　수학 문제 … 84

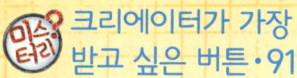 크리에이터가 가장
　　 받고 싶은 버튼 • 91

7 라이미 유령의
　　달콤한 제안 … 92

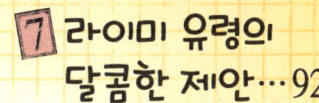 중독을 부르는 유튜브
　　 알고리즘 • 103

8 아슬아슬한 소름
　　절벽의 높이 … 105

9 전통 단위
　　환산하는 법 … 114

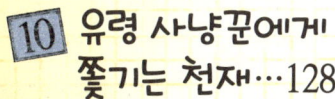 내 채널에서 갑자기
　　 영상이 사라진 이유 • 127

10 유령 사냥꾼에게
　　쫓기는 천재 … 128

에필로그

크리에이터 대회의 우승자 … 142

 보호받는 키즈 크리에이터 • 147

초등 수학 교과 연계표 • 148

프롤로그
키즈 크리에이터가 된 라이미

   라이미는 뱀과 함께 산다. 뱀의 먹이인 쥐도 함께 산다. 참고로 먹이 쥐는 살아 있지 않고, 얼어 있다. 라이미는 도마뱀과도 같이 산다. 도마뱀 먹이 자격으로 어디로 튈지 모르는 귀뚜라미와 지렁이처럼 징그럽게 꾸물거리는 밀웜도 함께 산다.
   털이 복실복실한 독거미, 꼬리가 날카로운 전갈, 의뭉스럽게 돌아다니는 거북, 수시로 집을 탈출하는 대형 햄스터와 애완 쥐들까지…… 라이미는 오싹한 동물들과 우글우글 바글바글 함께 산다. 문제는 라이미가 오싹한 동물을 소름 끼치게 싫어한다는 것!

　유치원 때부터 지금까지, 라이미가 어렵게 사귄 친구들이 오싹한 동물들에게 놀라 라이미의 곁을 떠났기 때문이다. 바로 오늘처럼…….

"내 마음도 몰라주고! 친구도, 엄마도 다 싫어."

　라이미는 방에 들어가 문을 쾅 닫았다. 속으로는 엄마가 달래러 오기를 바라며 기다렸지만 엄마는 오지 않았다. 그 시각 엄마는 오싹한 동물들에게 밥을 주고 있었다. 오싹한 동물들의 똥을 치우고, 오싹한 동물들을 주문한 괴상한 사람들에게 택배를 보내고, 독거미 집에 집거미가 떨어지지 않게 말끔히 청소하느라 바빴다.

"쳇, 심심해."

　라이미는 최악의 생일에 받은 최고의 선물인 태블릿PC를 켰다. 인터넷에서 연예인 사진 몇 장 구경하고, 유튜브에서 뮤직비디오를 몇 개 보고 웃기는 먹방 하나밖에 안 봤는데 한 시간이 훌쩍 지났다.

"앗, 엄마랑 약속했는데."

하루에 딱 30분만 하는 거다, 약속~.

　라이미는 얼른 태블릿PC를 닫았다. 한숨과 함께 불쑥 화가 솟았다.
　'흥! 엄마 때문이잖아. 엄마 때문에 친구들이 다 도망가서 심심하다고. 그러니까 계속 볼 거야.'
　라이미는 다시 유튜브를 열었다. 라이미가 키우는 사랑스러운 반려 토끼, 화이트만큼 예쁜 토끼 동영상을 찾아보고 천사 같은 강아지와 여행하는 동영상도 보았다.
　"우리도 귀여운 동물 농장을 하면 얼마나 좋아. 친구들이 저절로 생길 텐데······."
　엄마는 오싹한 동물을 좋아하는 사람들도 많다고 했지만, 라이미는 그런 친구들을 만나 본 적이 없다. 유튜브에도 키즈 크리에이터들은 귀여운 동물들만 데리고 나온다.
　"오싹한 동물을 좋아하는 사람이 정말 있을까?"
　라이미는 당장 유튜브 검색을 했다.

 엄마의 말이 맞았다. 오싹한 동물들에 대한 영상은 라이미의 예상보다 훨씬 많았다. 인기 있는 채널도 꽤 있었다. 특히 〈끔찍하게 사랑스러운 동물 사전〉은 별로 끔찍하지 않은데도 조회수가 100만 회가 넘었다.
 "뭐야. 우리 집 동물들이 훨씬 끔찍한데, 한 번 보여 줘?"
 라이미는 당장 태블릿PC를 들고 농장으로 달려갔다. 맨 먼저 오싹한 동물 농장에서 제일 큰 뱀인 볼파이톤 바닐라를 나무에 올리고 영상을 찍었다. 라이미는 오싹한 동물들을 아주 잘 다루었다. 오싹한 동물들이 친구들을 내쫓기 전까지는 라이미도 엄마와 함께 오싹한 동물 농장을 돌봤기 때문이다.
 엄마는 오랜만에 농장에 나온 라이미를 보고 눈이 휘둥그레졌다.
 "라이미, 바닐라랑 화해했어?"

"아니요. 바닐라를 찍어서 유튜브에 올리려고요."
"싫어. 엄마는 반대야."

엄마도 〈오싹한 동물 농장〉 유튜브 채널을 생각해 본 적이 있었다. 하지만 동물들 돌보는 일만으로도 너무 바빠서 포기했다. 지금도 라이미와 함께할 시간이 부족한데 유튜브를 하게 되면 시간이 더 없을 것 같았다. 또 혹시 모르는 사람들에게 농장을 보여 주다 사생활이 드러나면 라이미에게 불편한 일이 생길까 봐 망설였다. 그런데 라이미가 유튜브를 한다고?

"라이미, 넌 아직 어려. 조금 더 커서 하면 좋겠어."
"엄마 때문에 난 친구도 없고 너무 심심해요. 허락해 주세요, 네?"

라이미는 세상 슬픈 얼굴로 부탁했다. 엄마는 하는 수 없이 조건을 주렁주렁 달고 허락했다.
"알았어. 대신 네 개인 정보를 함부로 알려 주면 안 돼. 우리 농장 이름과 위치도 알리지 마. 인기 끌려고 동물들을

일부러 무섭게 연출하거나 징그럽게 찍어도 안 돼. 엄마가 봐서 아니다 싶으면 그만두게 할 거야!"

"알았어, 알았어요. 나도 잘 알아요. 걱정 마세요, 엄마."

라이미는 오싹한 동물 농장에서 오랜만에 활짝 웃었다.

1

공포의 여왕에게 복수하다!

"그만해. 하나도 안 무섭거든."

천재는 귀를 막고 달아나며 소리쳤다. 주리는 귀신만큼 발빠르게 천재를 쫓으며 무서운 이야기를 끝도 없이 늘어놓았다. 주리는 귀신, 유령, 뱀파이어, 좀비, 지구를 공격하는 외계인까지 다 좋아하는 공포의 여왕이다. 하지만 주리의 절친인 안천재는 유령이란 말만 들어도 온몸에 소름이 돋는 마음이 여린 순수 영혼이다.

천재와 주리의 절친 지한이는 매번 되풀이되는 둘의 실랑이를 보고 고개를 저었다.

"얘들아, 유령은 없다니까. 유령은 죽은 사람의 영혼이 우리가 사는 세상을 떠도는 거라며? 하지만 영혼은 존재하지 않으니 당연히 유령도 존재하지 않아. 사람들이 영혼이라고 느끼는 것은 우리 뇌의 작용일 뿐이야. 없는 존재를 두려워하는 것도, 실체가 없는 두려움을 이용하는

것도 비이성적인 행동이지."

주리는 지한이의 과학적이고 지루한 설명 때문에 천재를 놀려 먹고 싶은 생각이 싹 달아났다. 과학 천재, 수학 천재, 심지어 절대 음감을 가진 음악 천재이기도 한 지한이의 이성적인 판단은 오늘도 공포의 여왕 손아귀에서 이름만 천재인 안천재를 구했다.

"안천재, 진짜 천재 덕분에 무사한 줄 알아라. 내일은 더 무서운 이야기를 준비해 올게. 음하하하하."

천재는 해맑게 웃으며 사라지는 주리의 뒤통수를 째려보았다.

'어쩌다 공포의 여왕과 절친이 되어 공포에 떨게 되었는지 모르겠어. 하지만 내가 언제까지 당하기만 할 줄 알아?'

천재는 두 주먹을 불끈 쥐었다.

"공포의 여왕! 내가 복수할 거야. 더 무서운 이야기로 너를 벌벌 떨게 할 테다!"

천재는 주리를 골려 줄 무서운 이야기를 생각하려고 머리를 쥐어짰다. 아무 생각도 안 났다. 책장을 뒤져 무서운 만화책을 찾아보았다. 웃기는 만화책밖에 없었다.

천재는 처음으로, 사촌 형이 준 《미스터리 끔찍한 괴물 백과》를 버린 걸 후회했다.

사촌형은 그 책의 44쪽을 444번 읽지 않으면 괴물이 나타난다고 말했다. 천재는 44쪽을 45번까지 읽다가 버리고 말았다. 너무 무서워서…….

"무서워도 꾹 참고 몇 번 더 읽고 보관해 둘걸. 44쪽을 444번 읽으면 괴물이 안 나타난다는 뜻이잖아! 내가 45번 읽었으니까 399번만 더 읽으면 됐는데……."

으악, 천재는 갑자기 무서운 만화 내용이 주르르 떠올라 몸이 부르르 떨렸다.

"아니야. 더 봤다가는 너무 무서워서 잠도 못 잤을 거야."

천재는 다시 생각해 보니 《미스터리 끔찍한 괴물 백과》를 참 잘 버렸다 싶었다.

"네이버에서 무서운 이야기를 찾아볼까?"

천재는 주로 쓰는 검색 엔진인 '네이버'에 들어가 무서운 이야기를 검색했다. 귀신, 미해결 사건, 유령, 좀비, 괴물, 도시 괴담, 학교 괴담 등 온갖 오싹하고 끔찍한 이야기와 사진이 넘쳤다. 하지만 주리도 다 봤을 거다. 주리도 주로 네이버로 검색을 하니까.

"그럼 '다음'에 들어가 볼까?"

천재는 아빠가 자주 이용하는 검색 엔진인 '다음'에 들어가 무서운 이야기를 검색했다. 네이버에서 찾은 것과 비슷한 내용이 줄줄이 떴다.

귀신, 미해결 사건, 유령, 좀비, 괴물….

검색 엔진이 달라도 내용은 비슷하네.

"이런 내용으로는 어림도 없어. 차라리 징그러운 걸로 가자."

주리는 루마니아로 가서 뱀파이어 백작 작위를 받는 것이 꿈일 만큼 죽은 자들의 세계를 좋아한다. 하지만 뱀과 쥐라면 진저리를 쳤다.

"무시무시한 뱀 동영상이 좋겠어."

천재는 악당처럼 킬킬거리며 유튜브를 열었다. 유튜브는 전 세계 사람들이 동영상을 찍어 올리는 사이트니까 끔찍한 뱀, 세상에서 제일 큰 쥐 같은 영상이 많을 거다.

'징그러운 파충류, 대형 파충류, 오싹하고 무시무시한 뱀……. 오호~ 찾았다.'

천재는 <으앗! 라이미>라는 채널에 올라온 '오싹한 대형 뱀 볼파이톤'이라는 영상을 열었다.

"뭐야, 뱀이 크기만 하고 귀여운데? 색깔은 바닐라 아이스크림처럼 부드럽고 눈빛은 아주 순하잖아."

천재는 큰 뱀의 눈빛에

홀려, 다음 영상인 '오싹한 도마뱀 식사 시간'도 보았다. 도마뱀 우리에 귀뚜라미 두 마리가 힘차게 뛰어다니는데, 도마뱀은 눈만 끔벅이고 있었다.

"뭐야, 단식투쟁하는 도마뱀인가? 히히."

방심한 바로 그 순간 도마뱀이 혀를 확 내밀어 귀뚜라미를 단숨에 채 갔다.

"아유, 놀라라. 심장 떨어지는 줄 알았네."

그 장면에 무슨 최면이라도 걸린 듯 천재는 당장 '좋아요'를 누르고, 구독도 클릭했다.

 천재가 한참 재미있게 보는데 엄마가 불쑥 방으로 들어왔다. 천재는 너무 놀라서, 목숨만큼 소중한 스마트폰을 떨어뜨릴 뻔했다. 잃어버리거나 고장 나면 다시는 안 사 준다고 한 귀한 스마트폰을…….
"안천재. 너 또 유튜브 봐?"
"안 봤어요."
"거짓말까지? 수학 문제집은 풀었어? 자꾸 그러면 정말로 폰 뺏는다. 당장 수학 문제집 3장 풀고, 연산 문제집도 2장 풀어. 영어 독해집도 2장 하고, 소리 내서 읽는 거 잊지 말고. 과학 전집 새로 산 거 있지? 그것도 한 권 읽고, 일기도 쓰고 자. 일기는 열 줄 이상이야. 하나라도 빼먹으면 내일부터 유튜브 한 편도 못 볼 줄 알아."
 천재 엄마의 협박은 무시무시했다.

 '어휴, 주리를 오들오들 떨게 할 확실한 방법이 있는데! 바로 우리 엄마를 주리 엄마와 바꾸면 되는데!'

 휴! 천재는 꾸역꾸역 숙제를 다 하고 겨우 잠자리에 들었다. 그런데 눈만 감으면 어둠 속에서 끔찍한 유령들이 스르르 천재의 침대 곁으로 모여드는 것 같았다.

'으윽, 주리에게 복수하려다 내가 당하고 있는 거 아냐? 무서워서 못 자겠네. 누구라도 날 좀 지켜 주지. 음냐음냐~ 유령은 너무 무섭단 말이야!'

무서운 이야기와 오싹한 동영상을 많이 봐서 그런지 천재는 꿈속에서 온갖 유령들에게 시달렸다.

라이미는 일주일 동안 영상을 3개나 올렸다. 하지만 구독자는 여전히 1명. 조회수는 3, 좋아요는 2개뿐이었다.

"왜 이렇게 안 봐? 뱀 좋아하는 사람 많다며?"

라이미도 영상을 올리자마자 구독자가 우르르 몰릴 거라고 기대하지는 않았다. 그래도 이 정도로 안 볼 줄은 몰랐다.

"인기를 끌려면 평범한 영상으로는 안 돼."

 라이미는 한 손에는 태블릿PC를 다른 한 손에는 방금 해동한 검은 쥐를 대롱대롱 들고 배고픈 비단구렁이에게 다가갔다. 〈으앗! 라이미〉에 올릴 최고의 영상을 찍기 위해!

 그날 라이미가 찍은 영상은 주리가 끔찍하게 싫어하는 두 동물이 한꺼번에 출연했다. 하나는 살아서, 다른 하나는 죽어서 말이다.

 〈으앗! 라이미〉 덕분에 천재는 복수에 성공했다. 그 보답으로 천재는 〈으앗! 라이미〉의 열혈 구독자가 되었고, 주리 옆에서 틈틈이 시청해 주었다. 참다못한 주리가 버럭 소리쳤다.

 "안천재 너, 나랑 계속 친구 하려면 소름 끼치는 그

유튜브부터 그만 봐."

"뭐가 소름 끼쳐? 라이미는 동물을 좋아하는 순수한 영혼이야. 유령, 귀신, 뱀파이어같이 죽은 자들만 좋아하는 너보다 훨씬 인간적이야."

"흥! 자극적인 영상으로 사람들을 끌어들여서 돈을 벌려는 거지."

"돈? 이걸로 돈을 벌어?"

천재는 정신이 번쩍 났다. 돈을 잘 버는 유튜브 크리에이터가 많다는 이야기는 많이 들었다. 그래서 어른이 되면 크리에이터가 될까 생각한 적도 있었다. 그런데 왜 당장 유튜브를 찍을 생각은 안 했지? 크리에이터가 되면 하루 종일 스마트폰을 만지며 놀면서 돈도 버는데……. 그럼 공부를 해야 용돈을 받는 치사한 시스템에서 벗어날 수 있는데!

"유튜브 하면 돈을 얼마나 벌지?"

천재는 당장 돈 계산을 시작했다. 그동안 쌓기만 했지 마땅히 써먹을 데가 없던

```
      275000
  ×        1
      275000

     1 1
      275000
  ×        2
      550000

     2 1
      275000
  ×        3
      825000
```

수학 실력을 마음껏 발휘했다.

조회수 1회당 1원을 번다면,
조회수가 275000회일 때
1×275000=275000(원)

조회수 1회당 2원을 번다면, 조회수가 275000회일 때
2×275000=550000(원)

조회수 1회당 3원을 번다면, 조회수가 275000회일 때
3×275000=825000(원)

"우아~ 엄청난데! 근데 다들 왜 크리에이터를 안 해?"
천재는 벌써 부자가 된 기분이었다.
주리와 지한이는 그런 천재를 보고 고개를 절레절레 저었다.
"크리에이터가 되는 건 뭐 쉬운 줄 아니? 나도 지금 공부 중이야."
"맞아. 크리에이터는 새로운 영상을 만드는 창조적인 직업이야. 배워야 할 게 많아."
주리와 지한이는 입을 모아 말했다.

공부 안 하고 재미있게 돈을 벌려고 크리에이터를 해 볼까 생각했는데 다들 공부 타령이다. 천재는 절로 한숨이 나왔다.

유튜브 동영상의 시초

우리가 자주 쓰는 '네이버'와 '다음'과 같은 사이트는 인터넷 포털 사이트다. 포털 사이트는 정보를 검색하고, 이메일을 주고받는 용도로 생겼다. 하지만 지금은 블로그, 카페, 쇼핑, 동영상, 웹툰, 뮤직비디오 등 인터넷으로 할 수 있는 거의 모든 일을 할 수 있다.
유튜브는 구글이라는 포털 사이트에 속해 있다. 구글 사용자들이 유튜브에 동영상을 올리고 시청하며 공유할 수 있다.
2005년 2월에 미국에 사는 채드 헐리, 스티브 첸, 자베드 카림이 '모두가 쉽게 비디오 영상을 공유할 수 있는 기술'을 생각해 낸 것이 유튜브의 시초가 되었다. 2006년 구글이 비싼 값으로 유튜브를 사들여 오늘의 모습이 되었다.
유튜브는 누구나 볼 수 있다. 하지만 영상을 올리려면 구글에 회원 가입을 하고 내 채널을 만들어야 한다. 우리나라에서는 2008년부터 유튜브 서비스가 시작되었다.

귀신산에서 일어난 사건

라이미는 가슴이 두근거렸다. 이제 라이미는 친구가 없는 외로운 초딩이 아니다. 오싹한 영상으로 인기를 한몸에 받게 될 인기 크리에이터다. 아직 인기는 없지만 곧 많아질 거다.

〈으앗! 라이미〉 유튜브 봤냐? 진짜 특이해.

뱀이 쥐 먹는 거? 엄청 무서운데, 이상하게 자꾸 보게 돼.

'나도 실버 버튼을 받을 테야!'

유튜브에서는 채널의 구독자가 10만 명이 되면 은은하게 빛나는 '실버 버튼'을 선물로 보내 준다. 라이미가 즐겨 보는 〈조물딱조물딱 만들기〉 채널의 키즈 크리에이터가 얼마 전 실버 버튼을 받았다고 자랑했다.

'조물딱도 받았는데, 나도 받을 수 있어.'

수학 시간이 시작되었지만 라이미는 유튜브 생각만 했다.

'어떤 영상을 올려야 조회수가 늘까? 사람들이 소름 끼치게 무서워하는 동물이 뭔지 알면 좋을 텐데……. 우리 반 아이들이라도 조사해 보면 좋겠다. 난 키즈 크리에이터니까 어린이들의 눈높이에 맞추는 게 좋잖아.'

라이미는 자기 채널에 올릴 영상을 진지하게 고민하며 반 아이들을 슬쩍 돌아보았다. 라이미의 생일 파티에 왔다가 혼비백산 달아났던 애나와 눈이 마주쳤다. 라이미는 얼른 고개를 돌렸다. 지금 라이미와 애나는 거의 절교 상태이다.

문득 선생님의 목소리가 들렸다.

"지금부터 우리 반 친구들이 좋아하는 동물을 조사해 볼까요?"

라이미는 저도 모르게 벌떡 일어나 물었다.

"선생님, 좋아하는 동물 말고 소름 끼치게 무서워하는 동물을 조사하고 싶어요."

라이미가 수학 시간에 먼저 발표를 한 적은 처음이었다.

'이럴 때 잘 받아 주면 라이미도 수학에 관심을 가지겠지?'

선생님은 라이미의 의견을 들어주었다.

"재미있겠네요. 그럼 우리 반 친구들이 소름 끼치게 무서워하는 동물을 조사해 봐요."

라이미 반 친구들이 무서워하는 동물은 뱀, 사자, 백상아리, 지네, 쥐로 간추려졌다.

"조사한 자료를 보니 우리 반 친구들이 무서워하는 동물을 잘 알겠어요. 그런데 이렇게 붙임 딱지로 붙여

놓으니까 1등으로 무서워하는 동물이 뭔지 한눈에 알아보기 어렵죠? 정리해서 표로 만들어 보면 알아보기 쉬울 거예요. 라이미가 칠판에 표를 그려 볼래요?"

평소라면 칠판 앞에서 떨었을 라이미였지만 이번에는 달랐다. 표를 크게 그리고 내용을 채웠다. 오싹한 영상에 도움이 된다고 생각하니 수학 공부도 술술 잘되었다.

우리 반 친구들이 무서워하는 동물

동물	뱀	사자	백상아리	지네	쥐
학생 수	7	5	5	8	2

"애나는 이 표를 막대그래프로 그려 볼래요?"

애나는 칠판에 그래프를 다 그리고 난 뒤, 슬쩍 라이미 눈치를 보았다. 라이미가 무시무시한 눈으로 자신을 노려보는 것 같았기 때문이다.

'생일 파티를 망쳤다고 아직도 나를 미워하나 봐. 힝.'

애나는 울상이 되었다. 하지만 라이미는 애나를 보고 있지 않았다. 애나가 그린 그래프를 보며, 이해할 수 없는 조사 결과에 화를 내고 있었다.

"사람들은 참 이상해. 조그만 벌레가 뭐가 무서워? 징그럽다면 몰라도."

그날 오후, 라이미는 새로 올릴 영상의 주제를 정했다.

"다리 많은 벌레가 오싹하다면 그걸 올려 줘야지! 우리 농장보다 더 벌레가 우글우글한 야생으로 나가자. 어디로 갈까?"

길게 생각할 필요도 없다. 공포 체험에 딱 맞는 으스스한 장소를 알려 주는 '우리 동네 공포 체험' 앱을 다운받아 놓았으니까. 라이미는 '우리 동네 공포 체험' 앱을 켜고, 검색 조건 중 '현 위치에서 2km이내', '벌레' 표시를 눌렀다. '귀신산 물귀신 연못 자리'라는 검색어가 떴다.

"귀신산? 딱 좋네. 벌레가 바글거리고 덤으로 귀신도 나오고."

 라이미는 당장 꽃삽과 벌레 채집망, 스마트폰을 세울 삼각대 등을 챙기고 화이트도 이동 가방에 넣었다.
 "우리 귀염둥이 토끼 화이트야, 너는 벌레를 보고 놀라서 달아나는 역할이야. 알았지?"
 라이미는 학원에 가는 척하고, 귀신산으로 가는 마을버스가 있다는 삼거리까지 걸어갔다. 하지만 아무리 찾아도 마을버스 정류장이 없었다. 라이미는 횡단보도 앞에 서서 스마트폰을 보고 있는 곱슬머리 남자아이에게

다가갔다. 그 애는 스마트폰에 정신이 팔려 초록불이 두 번이나 바뀌는 동안에도 길을 건너지 않았다.

"저기, 귀신산으로 가는 마을버스는 어디서 타니?"

곱슬머리 남자아이가 깜짝 놀라 고개를 번쩍 들었다.

"어디?"

"귀신산."

곱슬머리 남자아이는 신호등 바로 옆을 가리켰다. 방금 전까지 보이지 않았던 마을버스 정류장이 떡하니 보였다.

"귀신산에 지금 가게? 두 시간만 있으면 해가 질 텐데? 거긴 6시만 넘어도 귀신이 나온대."

"잘됐네. 귀신도 무서운 거 맞지?"

라이미는 싱긋 웃으며 대답했다. 겁에 질린 곱슬머리 안천재는 놀라서 입을 떡 벌렸다. 이 미스터리한 초딩을

 말려야 할까 말아야 할까! 천재가 망설이는 사이에 마치 미스터리한 아이를 기다렸다는 듯이 귀신산으로 가는 마을버스가 나타났다.
 "고마워. 안녕."
 천재는 미스터리한 초딩을 태우고 멀어지는 귀신산행 마을버스를 바라보았다. 갑자기 소름이 오싹 끼쳤다.
 "저 애 목소리가 낯익어. 어디서 들었지?"
 마을버스는 라이미를 귀신산에 내려놓고 부응, 도망쳤다.
 귀신산은 그냥 보기에는 평범했다. 등산객이 한 명도 없어서 조용하다 못해 괴괴할 뿐.
 라이미는 '우리 동네 공포 체험' 앱에서 '귀신산 물귀신 연못 자리'로 가는 길 안내를 눌렀다. 길 안내 화살표는 가시 많은 관목이 우거진 꼬불꼬불한 등산로를 가리켰다. 라이미는 숨을 크게 들이마시며 등산로에 들어섰다. 갑자기

날파리 떼가 뜯어 먹을 듯 라이미의 얼굴로 달려들었다. 까마귀가 깍깍 미친 듯이 울었다.

"화이트, 언니 좀 무서워. 우리 빨리 갔다 오자."

라이미는 화이트에게 큰 소리로 말하며 산길을 올랐다. 가시 많은 관목이 우거진 길이 꼬불꼬불 이어지다가 갑자기 앞이 탁 트였다.

"여기다. 옛날에 연못을 메운 자리. 땅속에서 물이 계속 스며나온다니까 엄청 습할 거야. 다리 많은 벌레들의 천국이지."

라이미는 스마트폰을 설치하고, 꽃삽으로 땅을 팠다. 화이트가 귀여운 큰 발로 바닥을 퉁퉁 찼다. 이동 가방에서 나오고 싶은 것 같았다.

"언니 옆에 있어야 해. 멀리 가면 안 돼."

라이미는 이동 가방에서 화이트를 꺼내 주었다. 화이트는

콧구멍을 벌름거리며 산 냄새를 맡다가 갑자기 뛰었다.
"화이트, 화이트, 언니한테 와."
라이미는 재빨리 쫓아갔지만 토끼가 훨씬 더 빨랐다. 화이트는 등산로를 벗어나자 키 작은 가시나무 사이로 요리조리 달렸다. 라이미도 화이트를 쫓아 산속 깊숙이 들어갔다.
화이트는 절벽 끝에 아슬아슬하게 서 있었다.
"가만히 있어, 화이트. 언니가 구해 줄게."

라이미가 다가가자 화이트는 폴짝 뛰었다.
라이미는 화이트를 붙잡으려고 몸을 던졌다. 다행히 화이트는 절벽 밑으로 떨어지지 않았다.

"걱정했잖아."

라이미는 화이트의 털에 묻은 흙을 털어 주려 했다. 그런데 화이트가 손에 잡히지 않았다.

"화이트, 왜 이래? 혹시 너 유령이 됐니?"

라이미는 얼른 화이트의 발을 보았다. 귀여운 발로 땅을 단단하게 딛고 서 있었다. 라이미는 제 발을 내려다보았다. 팔랑팔랑 유령 꼬리로 변해 절벽 옆의 공중에 둥둥 떠 있었다.

"으앗! 화이트가 아니라 내가 유령이 됐잖아! 싫어. 안 돼. 난 할 일이 많아. 인기 크리에이터도 되어야 하고, 화이트도 안전하게 집에 데려다 줘야 해. 벌써 인간 세상을 떠나기에 난 아직 어린 나이라고!"

한 번 결심하면 누구도 말릴 수 없는 고집불통 라이미는 유령 세계를 거부하기로 결심했다.

유령 세계의 명탐정 마방진은 인간 세상으로 내려갔다. 원칙대로라면 라이미 유령을 데리러 곧장 귀신산으로 가야 한다. 꾸물거리다가 신입 유령이 유령 세계를 거부하고 숨기라도 하면, 평범한 임무가 골치 아픈 사건이 된다.

"그래도 인간 세상에 왔으면 내 인간 친구 먼저 봐야지!"

마방진은 규칙을 살짝 어기고 안천재의 집으로 갔다. 그런데 웬 유령이 곤히 자는 천재를 깨우고 있었다.

"누구냐! 감히 우리 천재를 괴롭히는 유령아. 유령 세계로 안 가고 인간을 괴롭히면 불법이야."

"난 억울한 누명을 쓰고 죽었어. 이 아이는 유령을 볼 수 있다며? 내 억울함을 풀어 달라고 부탁할 거야."

"안 돼. 천재를 유령 일에 끌어들이지 마. 천재는 순수한 인간으로 행복하게 살아야 해. 라이미 유령보다 네 녀석을 먼저 유령 세계로 올려보내야겠다. 억울함은 유령 재판장에서 해결해."

마방진은 억울한 유령을 체포하여 유령 세계로 올라갔다. 천재의 곱슬머리도 한 번 만져 보지 못하고 말이다.

최초의 유튜브 동영상

유튜브에는 다양한 영상이 엄청나게 많다.
영상을 보는 사람은 영상을 올리는 사람보다 훨씬 더 많다.
현재 유튜브를 이용하는 사람은 전 세계에 13억 명이 넘고,
매일 50억 개가 넘는 영상이 재생되고 있다.
날마다 1분에 약 300시간이 넘는 영상이 올라온다.
유튜브에 올라오는 영상이 많아질수록 크리에이터들은 더
톡톡 튀는 영상을 만들기 위해 애쓴다.
하지만 최초의 유튜브 동영상은 아주 심심한 영상이다.
유튜브를 만든 세 사람 중 한 명인 자베드 카림이 올린
영상인데, 동물원의 코끼리 우리 앞에 서서 이렇게 말한다.
"이 코끼리의 정말 정말 정말 멋진 점은 코가 길다는
거예요."
겨우 18초짜리 이 영상의 조회수는 현재 약 2억 회가
넘는다. 별 재미는 없지만 유튜브 최초의 동영상이라
한 번쯤은 보고 가나 보다.

크리에이터 선발 대회

"하필이면 귀산 도서관이야. 학교 도서관도 있고, 솔꽃 도서관도 있고, 안 무서운 도서관도 많잖아."

천재는 귀산 도서관에 도착할 때까지 구시렁거렸다.

귀산 도서관은 귀신산, 원래 이름은 귀산산이지만 다들

 귀신산이라고 부르는 으스스한 산 밑에 있는 도서관이다.
 당연히 천재처럼 겁이 많은 초딩들은 얼씬도 하지 않는 곳이다.

 하지만 공포 분위기를 좋아하는 주리의 단골 도서관이다. 독서광 지한이도 언제든지 신간을 빌릴 수 있다며 자주 이용한다. 천재는 그 아이들의 절친이라 어쩔 수 없이 귀산 도서관에 따라다닌다.
 그런데 오늘은 정말 잘 왔다. 게시판에 천재에게 꼭 필요한 포스터가 붙어 있었다.

 "이건 나를 찾는 대회잖아!"
 천재는 드디어 무시무시한 도서관에 다닌 보람을 찾았다.
 "1등은 문화 상품권 10장, 2등은 5장, 3·4·5등도 문화

상품권을 준다고? 게다가 1등은 인기 크리에이터 멘토가 유튜브도 가르쳐 주고? 1등만 하면 유튜브로 돈 버는 법을 전수받을 수 있겠다. 아, 이건 정말 용돈 부족에 시달리는 나를 위해 하늘이 열어 준 대회야."

천재는 당장 도서관 선생님을 찾아갔다.

"선생님! 저, 이 대회에 참가할게요. 참가하는 사람 별로 없죠? 여긴 초등학생들이 많이 안 다니잖아요."

"그래, 야심 차게 시작했는데 참가자가 별로 없어서 걱정이야. 너희가 홍보 좀 많이 해 줘. 부탁할게."

도서관 선생님은 신청서를 네 장이나 주며 말했다.

"어? 저 혼자 왔는데요?"

 천재는 뒤를 휙 돌아보았다. 어느새 주리와 지한이가 따라와 있었다. 귀산 도서관에서 가끔 만나는 5반의 재원이도 손을 흔들었다.
 "너희, 왜 따라왔어? 내 대회에 나갈 거야?"
 "이게 왜 네 대회냐? 나도 이번 기회에 인기 크리에이터가 되고 싶거든!"
 주리는 천재의 손에서 신청서를 한 장 뽑아 갔다.
 "나도 수학 공부를 도와주는 유튜브 채널을 만들고 싶었어."
 진짜 천재 지한이도 신청서를 가져갔다.

"난 먹는 방송, 먹방 유튜브를 할 거야. 도서관에서 여는 대회라고 하면 엄마가 못 먹게 말리진 않겠지! 헤헤."

먹을 것을 유난히 좋아하는 재원이도 신청서를 챙겼다.

'안 돼!'

천재는 친구들이 가져간 신청서를 뺏고 싶었지만, 도서관 선생님 때문에 실패했다.

선생님은 천재의 경쟁자들에게 대회 신청을 하는 법까지 친절하게 설명했다.

"신청서에 구글 아이디를 적고 너희가 만들 채널의 기획서를 쓰면 돼. 기획서란 내가 만들 유튜브 채널의 설계도 같은 거야. 어떤 콘텐츠를 올릴지, 예상 시청자는 누구인지, 내 채널이 왜 필요한지에 대해 잘 생각해서 적으렴. 기획이 확실해야 영상을 찍을 때 주제가 잘 드러나게 되겠지? 영상은 예선 마감일인 일주일 뒤까지 2개 올리면 돼. 좀 빠듯하지? 그래도 잘할 거야. 너희는 유튜브 세대잖니!"

"근데 유튜브 대회에 왜 구글 아이디를 써?"

천재는 마음만 앞섰지, 유튜브 크리에이터에 대해 몰라도 너무 몰랐다. 재원이는 스마트폰에서 구글 사이트를 열어서 직접 보여 주었다.

"유튜브는 구글에 회원 가입을 한 사람들이 동영상을 올리는 공간이야. 구글 아이디가 있는 사람들만 유튜브 채널을 만들 수 있어. 난 채널은 벌써 만들었는데 아직 동영상은 안 올려 봤어."

재원이는 〈먹방 영재원〉이라는 자신의 채널을 보여 주었다.

"나도 채널은 벌써 개설했지. 〈공포의 여왕〉, 딱 나랑 잘 어울리는 이름이지?"

"나도 구글에 회원 가입은 했어."

지한이마저 자신감이 넘쳤다.

천재는 자기만 출발이 늦은 것 같아서 불안한 마음이 들었다. 이럴 때 필요한 건, 진짜 천재인 절친의 도움이다. 천재는 지한이를 붙들었다.

"지한아, 너희 집 가서 신청서 같이 써도 돼?"

　지한이는 구글 사이트에 들어가서 천재를 회원 가입부터 시켰다. 천재는 구글 아이디를 만들고, 비밀번호를 생각했다.

　"아이디가 mabangjin? 왜 마방진이야? 천재 너는 왜 그렇게 마방진을 좋아해?"

　지한이가 천재에게 진지하게 물었다.

　"몰라. 머릿속에 항상 맴도는 단어야."

　천재는 구글에 로그인을 한 다음, 유튜브로 들어가 '채널 만들기'를 클릭했다. 하지만 천재는 아직 채널 이름을 정하지 못했다.

　"지한아, 네 채널 이름은 뭐야?"

　"〈진지한의 즐수학 TV〉"

　다음은 채널을 소개하는 기획서 쓰기이다. 천재는 아무 생각도 안 났는데, 지한이는 벌써 기획서를 완성했다. 천재는 지한이의 기획서를 슬쩍 엿봤다.
　"와, 괜찮다. 영상을 어떻게 찍을지도 생각했어?"
　"1학년 때 너랑 자석 블록으로 입체도형 만들기 놀이했었잖아. 그런 식으로 재미있게 놀면서 저절로 수학을 익힐 수 있는 방법을 생각하고 있어."
　지한이는 여러 가지 도형 모양의 자석 블록을 꺼내 왔다.
　"정삼각형 도형 4개로 만들 수 있는 입체도형은……."
　"너무 쉽잖아."
　지한이의 말이 끝나기도 전에 천재는 자석 블록을 착착착 붙여 뾰족한 삼각뿔을 만들었다. 예전에 둘이 놀았던 것처럼 말이다.

삼각뿔

　"쉽게 시작해야 수학에 겁을 안 먹지. 그럼 이 도형들로 2개의 입체도형을 만들어 봐."

　지한이는 여러 가지 모양의 자석 블록을 천재에게 내밀었다.
　천재는 기억이 났다. 1학년 때 지한이가 똑같은 문제를 냈고, 천재는 문제의 정답을 맞히지 못해서 막 울었다. 지금이야 꼼꼼하게 살펴보기만 하면 쉽게 풀 수 있지만.
　천재는 정삼각형 2개와 직사각형 3개를 모아 삼각기둥을, 정사각형 1개와 이등변삼각형 4개를 모아 사각뿔을 만들어 냈다.
　"근데 이런다고 수학을 잘하게 될까? 어느 날 갑자기 수학 유령에 홀리기라도 하면 모를까."
　"그럼 내가 수학 유령이 되지 뭐."
　지한이는 농담으로 대답했다.
　갑자기 천재의 뒷골이 서늘해졌다. 천재는 원래 수학을

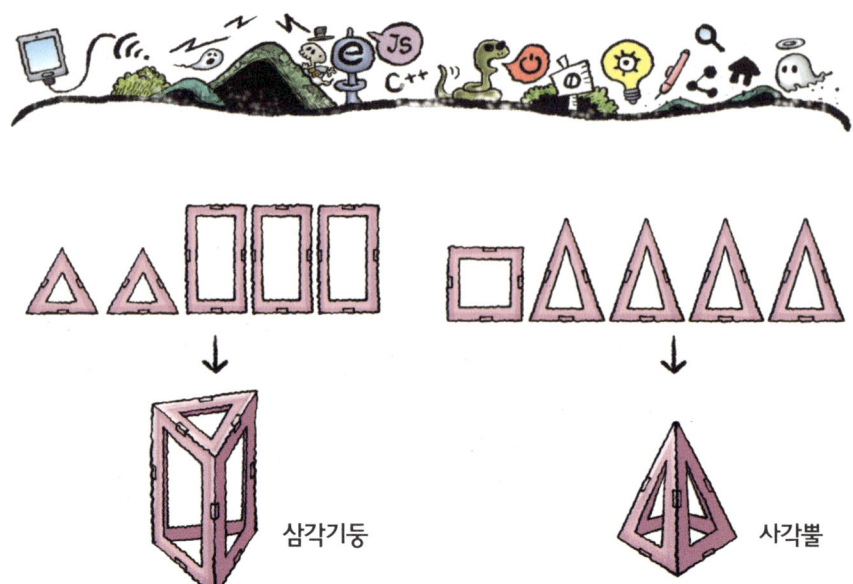

삼각기둥   사각뿔

정말 못했다. 나중에 들었는데 자석 블록 도형 놀이도 천재 엄마의 부탁으로 지한이가 천재에게 수학을 가르쳐 주려고 했던 놀이였다. 그래서였을까? 천재는 어느 날부터 유령에게 홀린 듯 수학에 흥미를 느껴서 지금은 꽤 잘하게

와~ 너무 재밌어서 눈을 뗄 수가 없어.

되었다.

'그래. 유령이 아니라 지한이 덕분에 수학을 잘하게 된 거야.'

천재는 고개를 절레절레 흔들어 무서운 생각을 떨쳤다.

천재는 유튜브 주제를 결정하지 못한 채 집으로 돌아왔다. 그리고 아이디어를 얻기 위해, 키즈 크리에이터들의 영상을 보다가 밤을 꼴딱 새웠다. 사실은 너무 재미있어서, 아이디어고 뭐고 시간 가는 줄 모르고 유튜브에 빠져 있었다.

결국 천재는 크리에이터 대회 신청서를 내는 날 아침까지 기획서를 완성하지 못했다.

 '문화 상품권 10장을 포기하기는 싫고 어쩌지? 일단 아무거나 써 내서 시간을 벌자.'

 애꿎은 손톱만 물어뜯던 천재는 기획서를 휘리릭 대충 쓰고 말았다.

가상의 캐릭터인 가상 유튜버

루이는 〈루이커버리〉라는 채널을 운영하는 유튜버(크리에이터)다.
우리나라의 아름다운 여행지를 소개하는 루이의 영상을 보고 있으면, '여행 가고 싶다'는 생각이 절로 든다. 루이는 사람의 마음을 참 잘 이해하는 사람 같다.
하지만 루이는 사람이 아니다. 가상 현실 기술을 이용해 만든 가상 유튜버(버추얼 크리에이터)다.
가상 유튜버는 루이처럼 진짜 사람과 똑같이 만들기도 하고, 3D 애니메이션 캐릭터처럼 만들기도 한다. 목소리는 성우가 녹음하고, 행동은 모션 캡처 기술로 사람의 행동을 본떠서 표현한다.
가상 현실 기술이 발달하면서, 가상 유튜버는 점점 더 많아지고 있다. 인기도 점점 높아져서 사람 유튜버의 인기를 위협한다.
최초의 가상 유튜버는 2016년 11월 일본에서 탄생한 '키즈나 아이'다.

엉망이 된 천재의 동영상 촬영

채널명 : 안천재의 천재 TV

영상 주제 : 장난감 블록으로 재미있는 도형 수학 퀴즈를 낸다.

주요 시청자 : 수학을 싫어하는 어린이들

주요 콘텐츠 : 장난감 블록으로 도형 공부

채널명 : 진지한의 즐수학 TV

영상 주제 : 장난감 등으로 재미있게 놀면서 저절로 수학을 익힐 수 있다.

주요 시청자 : 수학을 어려워하는 어린이들

주요 콘텐츠 : 블록으로 도형 공부, 소꿉놀이로 연산 공부, 종이접기로 분수 공부

"천재야, 다른 사람이 정성을 들여 만든 창작물을 베끼면 안 돼. 비겁한 짓이고 법을 어기는 거야. 저작권 침해, 알지? 반성하면 기회를 다시 줄게."

도서관 선생님이 심각한 표정으로 말했다. 천재는 부끄러워서 얼굴이 빨개졌다.

"죄송해요. 마음이 급해서 잘못 생각했어요."

천재는 지한이에게도 사과했다. 진심이었다.

"미안해. 생각은 안 나고 시간은 없고 그래서……."

지한이는 고개를 돌려 버렸다. 천재는 바보 같은 짓으로 창피를 당하고 절친까지 잃게 되었다.

"지한아, 미안해. 한 번만 봐 줘~. 흑."

천재는 다시 한번 사과를 하다가 그만 목이 메었다.

　지한이는 천재의 순수함에 그만 웃음이 났다.
　"뭐야, 그런다고 울어? 나랑 못 놀까 봐? 에휴, 봐줬다. 계속 놀아 줄게. 울지 마."
　천재는 부끄럽게도 눈물로 우정을 지켰다. 그리고 영혼까지 순수한 자신을 범죄의 길로 이끌고 절친까지 잃게 할 뻔한 크리에이터 대회는 포기하려고 했다. 그런데 지한이가 불쑥 아이디어를 냈다.
　"천재 너, 흰둥이랑 같이 영상을 찍으면 어때? 너, 흰둥이 잘 키우잖아."
　"맞다. 왜 흰둥이 생각을 못 했지? 채널 이름도 〈흰둥이와 함께 왈왈왈〉로 바꿀래. 우리 흰둥이가 엄청 귀엽게 잘 짖거든. 영상 주제는 반려동물과 함께하는 일상. 어때?"
　"오! 벌써 천재 크리에이터 다 됐네!"
　천재는 지한이의 칭찬을 듣고 킬킬 웃으며 신청서를 다시

써서 냈다. 느낌이 좋다. 수학 시험에서 검산으로 틀린 문제를 잡아낼 때처럼.

한편, 라이미 유령은 자신이 죽었다는 것을 인정하지 않았다. 라이미는 아직 하고 싶은 일이 너무 많은 어린 초딩이었기 때문이다.

라이미 유령은 귀신산 근처에서 방황하다가 귀산 도서관에 붙은 크리에이터 대회 포스터를 보았다. 살아 있었다면 당연히 라이미도 참가했을 크리에이터 대회이다. 라이미는 유령이 되었다고 다른 아이들에게 천재 크리에이터 자리를 내주고 싶지 않았다.

"천재 크리에이터는 나야. 내가 똑똑히 보여 주겠어."

라이미 유령은 천재 크리에이터의 뒤를 쫓았다.

천재는 집에 돌아오는 길에 자꾸 뒤를 돌아보았다. 누군가 쫓아오는 것 같은데, 돌아보면 아무도 없었다.

'잘못 봤나?'

천재는 서둘러 집에 돌아와 셀카봉을 챙겼다. 오늘의 주인공인 흰둥이도 불렀다.

"흰둥아, 형아랑 산책 갈까?"

흰둥이가 목줄을 끌고 쪼르르르 나왔다. 천재는 그 귀여운 장면을 놓치지 않고 찍었다. 그런데 다시 돌려 본

영상 속 흰둥이는 눈곱, 눈물 자국, 엉킨 털, 땟국물이 줄줄 흐르는 꼬질이었다.

"너, 목욕 언제 했어? 미용은? 너무 꼬질꼬질해서 귀여움으로 승부할 수가 없잖아. 지금 미용을 시킬까?"

지금 시각은 3시 30분. 미용실까지 가는 시간은 10분. 미용하는 시간은 1시간 5분. 공원까지 가는 데 걸리는 시간은 10분. 산책 시간은 30분. 집에 오는 시간은 25분.

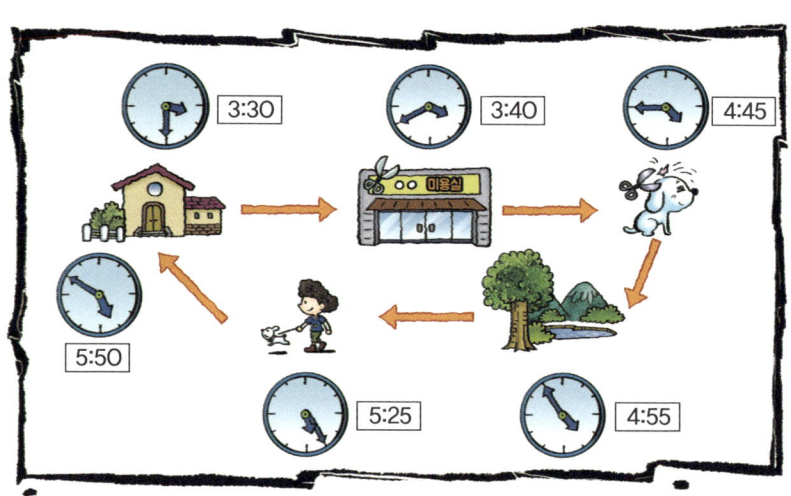

"흰둥이 미용을 하고 산책한 다음 집에 오면 5시 50분? 안 돼. 너무 늦어. 그럼 목욕만 시킬까?"

지금 시각은 3시 30분. 흰둥이 목욕 시간은 35분. 공원까지 가는 데 걸리는 시간은 25분. 산책 시간은 30분. 집에 오는 시간은 25분.

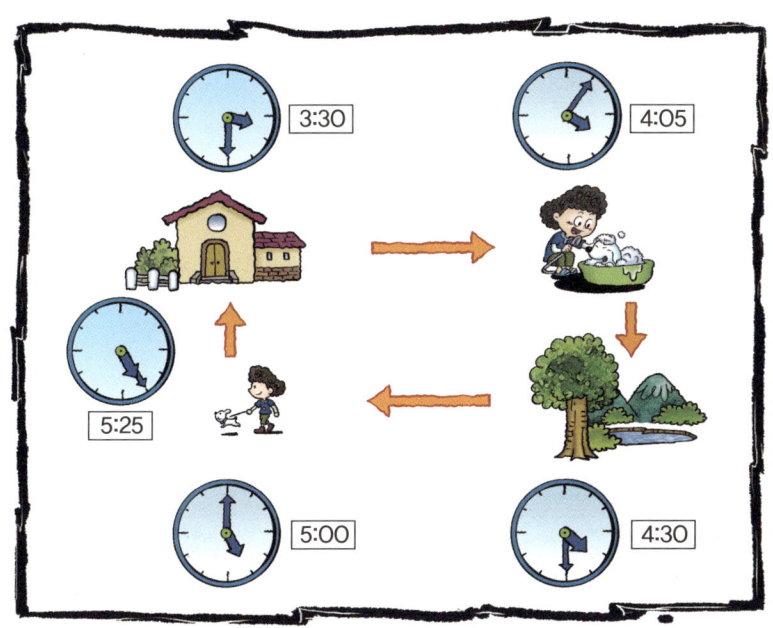

흰둥이 목욕을 하고 산책한 다음 집에 오면 5시 25분. 미용을 하는 것보다 25분 빠르지만, 그래도 너무 늦는다. 편집할 시간이 모자란다.

천재는 6시까지 영상을 올리고 싶었다. 친구들한테 6시

안에 영상을 올릴 테니, 꼭 보고 좋아요 버튼을 눌러 달라고 벌써 문자를 돌렸다. 예선 마감은 아직 며칠 더 남았지만 오늘부터 영상을 올릴 수 있고, 조회수와 구독자 수가 많을 수록 특별 점수를 받는다고 했다. 천재는 마음이 급했다.

"영상을 빨리 올려야 해. 그래야 한 명이라도 더 볼 거야."

천재는 꼬질꼬질한 흰둥이를 그냥 데리고 나갔다. 평소에 자주 산책하던 동네 골목길 말고 훨씬 넓고 경치가 좋은 호수 공원으로 갔다. 호수 공원에는 꽃도 많고, 나무도 많고, 예쁜 조형물도 많고, 천재를 쫓아온 라이미 유령도 있었다.

"저 아이는 귀여운 강아지 영상을 찍네. 난 강아지 영상이 제일 싫어. 우리도 뱀 말고 귀여운 강아지를 키웠으면, 난

벌써 인기 크리에이터가 됐을 거야. 저 아이가 찍는 강아지 영상을 확실히 망쳐 주겠어!"

라이미 유령은 분노 에너지를 끌어모아 무시무시하게 소리쳤다.

라이미 유령이 뿜어낸 어둠의 에너지는 순식간에 공원을 덮쳤다. 순간 따스하게 빛나던 해는 구름 뒤로 숨었다. 으스스한 바람이 불어닥치고, 바닥에 흩어져 있던 낙엽들은 하늘로 솟구쳤다. 공원에 산책나온 개들이 갑자기 미친 듯이 짖었다.

"왈왈왈 왈왈왈왈."

흰둥이도 마구 짖으며 날뛰었다. 힘도 어마어마하게 세져서 천재를 끌고 이리저리 내달렸다. 잔디밭을 들쑤시고, 놀이터를 휘젓고, 돗자리를 깔고 앉은 사람들을

덮쳤다.

"으아아앗! 멈춰, 멈추라고."

천재는 한 손으로는 필사적으로 목줄을 붙들고, 다른 한 손으로는 스마트폰을 매단 셀카봉을 잡았다. 으스스한 바람 때문에 눈앞이 잘 안 보였지만 둘 다 꽉 붙잡고 놓지 않았다.

"어둠의 유령 바람에도 강아지와 스마트폰을 놓지 않다니! 저 아이는 자기 강아지에 대한 사랑도, 크리에이터에 대한 집념도 무척 강하군. 나는 화이트도, 크리에이터에 대한 꿈도 다 잃었는데! 너무해!"

라이미 유령은 영상을 완전히 망치려고 흰둥이를 덮쳤다.

"깽!"

겁에 질린 흰둥이는 천재 품으로 뛰어들었다.

"괜찮아, 흰둥아? 영상이고 뭐고 집에 가자. 너도 무사하고, 폰도 안 떨어져서 다행이야. 이거 또 깨지면 엄마가 다시는 안 사 준댔어."

천재는 기진맥진해서 집으로 돌아왔다.

산책 영상은 완전히 실패했다. 영상이 찍힌 시간은 총 30분이 넘었지만 흰둥이가 온전하게 나온 시간은 산책을 시작할 때 목줄을 물고 나온 1분 뿐이었다.

흰둥이는 목욕을 좋아합니다. 특히 내가 목욕을 시키면….
벅벅
강아지~ 아웅.
파앗
왈왈왈.
우당탕!
엉망
저 아이의 영상은 확실히 망쳤어. 다음은 누구지?
질척
아유, 정말! 제발 누가 좀 도와줘. 살려 줘~.

"흰둥아, 목욕 영상은 잘 찍자. 형아 실망시키지 마."

이번 영상은 완벽하게 찍어야 한다. 천재는 흰둥이가 좋아하는 거품 목욕을 준비했다. 카메라까지 완벽하게 세팅하고 자연스럽게 촬영을 시작했다. 예감이 좋았다. 하지만 잠시 후, 갑자기 흰둥이가 겁에 질려 왈왈왈 짖으며 난동을 부렸다.

"내가 영상을 찍기만 하면 왜 이런 난리가 나는 거야! 제발 누가 좀 도와줘. 살려 줘~."

천재는 소리를 꽥 질렀다. 그 소리는 천재의 유령 친구 마방진의 귓속으로 쏙 들어갔다.

"천재의 구조 요청이다. 기다려, 천재야. 이 유령 형님이 구해 주마."

마방진은 단숨에 천재에게 날아갔다. 지쳐

> 앗, 천재의 구조 요청 신호다. 천재야, 기다려! 탐정 유령 마방진이 간다~.

널브러져 있는 천재의 볼에 쪽쪽쪽 유령 뽀뽀를 퍼부었다.

그 순간 천재의 유령 기억이 한꺼번에 떠올랐다.

"헉, 탐정 유령 마방진 형?"

"그래, 나야 나. 유령 세계에서 일어나는 알쏭달쏭한 미스터리 사건들을, 뛰어난 수학 실력과 거칠 것 없는 용맹함으로 해결하는 탐정 유령 마방진!"

탐정 유령 마방진은 늘 그렇듯 뻔뻔하게 자기 자랑을 늘어놓았다. 사실은 순수 초딩 천재 앞에 느닷없이 나타나 온갖 미스터리한 유령 사건 속에 천재를 휘말리게 해 놓고, 유령 꼬리만 동동거리기 일쑤면서!

"천재 천재 우리 천재는 내가 지킨다. 무슨 일이야? 어떤 유령이 널 괴롭혀?"

"아니, 유령은 없어요. 진짜 구조 요청이 아니었는데, 미안."

"괜찮아. 천재야, 보고 싶었어~ 너도 나 보고 싶었지? 네 스마트폰에 내 사진이라도 한 장 찍어 두면 좋은데, 유령은 인간 카메라에는 안 찍혀서 아쉬워."

"마방진 형아, 혹시 유령이 찍히는 카메라는 없어요?"

천재는 슬며시 물었다.

"있지. 유령 세계에."

천재는 그 카메라가 너무 갖고 싶었다. 유령 카메라만 있으면 유령 영상을 멋지게 찍어서 유튜브에 올릴 텐데. 그럼 크리에이터 대회 1등은 확실한데!

친구들에게 일어난 수상한 사고

　주리는 조금 전까지 뱀파이어가 살았을 것 같은 검고 으스스한 주방에서 〈공포의 여왕〉 채널에 올릴 공포의 요리 영상을 준비하고 있었다.
　요리 제목은 입맛이 뚝 떨어지고 소름이 오싹 끼치는 끔찍한 뱀파이어 피자! 뱀파이어 망토처럼 시커먼 피자 반죽 위에 시뻘건 석류, 검게 물들인 마시멜로, 오싹하게 매운 고추를 얹어 만들 거다.
　"공포의 요리니까 진짜 유령이 같이 요리해 주면 얼마나 좋을까?"
　"원한다면!"

 주리의 말이 끝나기도 전에 진짜 유령 라이미가 대답했다. 안타깝게도 주리는 라이미 유령의 대답을 듣지 못하지만.
 주리는 피자 도우를 만들려고 밀가루를 꺼냈다. 그런데 밀가루 봉지가 홀쭉했다. 어제 분명히 1.5kg을 샀는데 절반 정도밖에 안 남았다.
 "누가 허락도 없이 내 밀가루를 먹었지? 귀신이 곡할 노릇이네."
 범인은 바로 주리 엄마! 어제 저녁에 주리 엄마가 주리의 밀가루로 김치전을 부쳤다. 맛있다고 냠냠 먹은 주리도

공범이라 엄마 탓을 할 수 없었다.

"어떻게 하지? 어휴, 어쩔 수 없이 1인분 피자로 만들어야겠다."

주리가 준비한 피자 레시피는 4인분용이었다. 1인분용이면 준비한 재료의 4분의 1만 쓰면 된다.

주리는 저울에 밀가루를 한 숟가락씩 덜어 올려 375g을 정확히 맞췄다.

바로 그 순간 펑! 갑자기 오븐이 요란한 폭발음을 내며 터졌다. 문짝이 떨어져 덜렁거릴 정도로 엄청난 폭발이었다. 불은 나지 않았지만, 오븐 앞에 있던 밀가루가

 눈처럼 공중으로 휘날렸다. 곱고 하얀 밀가루는 슬로 모션처럼 천천히 내려와 뱀파이어처럼 차려 입은 주리를 눈의 여왕처럼 하얗게 변신시켰다.
 "뭐야, 이 소름 끼치는 상황은? 난 오븐을 켜지도 않았다고!"
 주리는 이 오싹한 이야기를 당장 누군가에게 들려주고 싶었다. 무서워서 가장 몸서리칠 친구에게.
 주리는 당장 전화를 걸었다.
 "천재야. 〈공포의 여왕〉 유튜브 채널에 올릴 영상을 찍다가 오븐이 폭발했어. 오븐은 켜지도 않았는데 말이야. 진짜 끔찍하지?"
 "불났어? 괜찮아?"
 천재는 몸서리를 치며 물었다.
 "괜찮아. 폭발은 되게 컸는데, 운 좋게 불은 안 났거든."
 천재와 마방진은 동시에 소리쳤다.

"유령이다."

"유령 짓이야."

천재와 마방진은 서둘러 주리네 집으로 달려갔다. 주리는 신이 나서 팔짝팔짝 뛰며 천재를 맞이했다.

"천재야, 내 영상 좀 봐. 뱀파이어 피자는 날아갔지만 끝내주는 영상을 담았어. 유령이 나왔거든. 이걸 유튜브에 올리면 조회수 엄청 나올걸."

천재는 영상을 망쳤는데 주리는 끝내주는 영상을 건졌다고? 천재는 배가 아파서 저도 모르게 유령 지식을 툭 말해 버렸다.

"쳇, 유령을 어떻게 영상에 담냐? 유령은 인간의 카메라에는 안 찍혀. 유령 카메라에만 찍힌대!"

"네가 어떻게 알아? 유령이라면 벌벌 떨면서······."

주리는 눈을 똥그랗게 뜨고 천재를 놀렸다. 천재는 당장이라도 유령 친구 마방진을 주리에게 보여 주고 싶었지만 꾹 참고, 주리의 영상을 보았다.

펑, 오븐이 터지고 밀가루가 공중에 퍼질 때 아주 잠깐 유령 모습으로 형체가 흘러내렸다. 주리는 그 순간에 맞춰 영상 재생을 멈추고 소리쳤다.

"봤지? 유령 맞지?"

천재는 주리 몰래 마방진에게 속삭였다.
"진짜 유령은 아니죠?"
"유령 짓 맞아."
"유령은 인간 카메라에 안 찍힌다면서요?"
"고운 밀가루가 순간적으로 유령의 전기 에너지에 붙었나 봐. 이건 유령이 날아가는 까마귀에게 부딪혀 기절할 확률보다 낮은 확률로 일어나는 일이야."

그토록 일어날 가능성이 희박한 일이 왜 주리에게 일어났지?
"유령이 왜 주리를 노리죠?"
천재의 질문에 마방진은 고개를 절레절레 흔들었다.
"난 유령 세계를 거부하고 달아난 초딩 유령도 못 잡고

있어. 그런 내가 복잡한 인간 세상의 일을 어떻게 알겠어?"

마방진은 한숨을 푹푹 쉬었다.

그때 재원이에게 전화가 왔다.

"천재야. 나, 크리에이터 대회에 못 나가. 엄마가 그만두래. 찐빵 먹방 찍다 죽을 뻔했거든. 꼭 유령한테 홀린 것 같아."

주리에게 수상한 일이 생기더니 이번에는 재원이? 불길한 예감이 천재의 발끝부터 머리끝을 통과해 마방진의 뒤통수까지 훑었다.

"탐정 유령 마방진의 뛰어난 직감에 의하면 이건 모두 유령 사건이야."

천재는 재원이를 찾아갔다. 방금 죽을 뻔했으니 침대에 누워 끙끙 앓고 있겠지. 하지만 이번에도 천재의 예상은 틀렸다.

 재원이는 동생 수원이와 함께 왕만두를 먹고 있었다. 조금 전에 찐빵 먹다 죽을 뻔했다면서 또 왕만두를 먹다니, 재원이는 진짜 먹방 영재였다.

 "수원이랑 찐빵 먹기 대결 영상을 찍는 중이었어. 내가 수원이보다 더 많이 먹고 있었는데……."

 "아니거든. 내가 오빠보다 더 많이 먹었거든. 난 2분의 1을 먹었어."

 갑자기 수원이가 끼어들었다.

 "내가 너한테 먹는 걸로 지는 거 봤냐? 난 3분의 1을 먹었어."

 재원이도 지지 않았다. 어떤 무시무시한 유령이 재원이를 노리고 있을지도 모를 심각한 상황에서 누가 찐빵을 더

많이 먹었는지 꼭 가려야 할까? 천재는 이 상황을 이해할 수 없었지만 재원, 수원 남매는 찐빵 수를 헤아리며 다퉜다. 천재는 하는 수 없이 심판을 봐줬다.

"2분의 1이 3분의 1보다 크니까, 수원이가 더 많이 먹었네."

재원이는 심판의 판결을 받아들이지 않았다.

"아니야. 난 찐빵 전체의 3분의 1을 먹었어. 수원이는 내가 남긴 것의 2분의 1을 먹었고."

"진작 그렇게 말을 하지. 그럼 둘이 무승부야."

천재는 다시 판결을 내렸다. 찐빵은 모두 30개 있었다. 재원이가 30개의 3분의 1을 먹었으니까,

$$30 \times \frac{1}{3} = 10$$

재원이는 찐빵 10개를 먹었다.

수원이는 재원이가 먹은 10개의 찐빵을 뺀 나머지 20개의 2분의 1을 먹었으니까,

$$20 \times \frac{1}{2} = 10$$

수원이는 찐빵 10개를 먹었다.

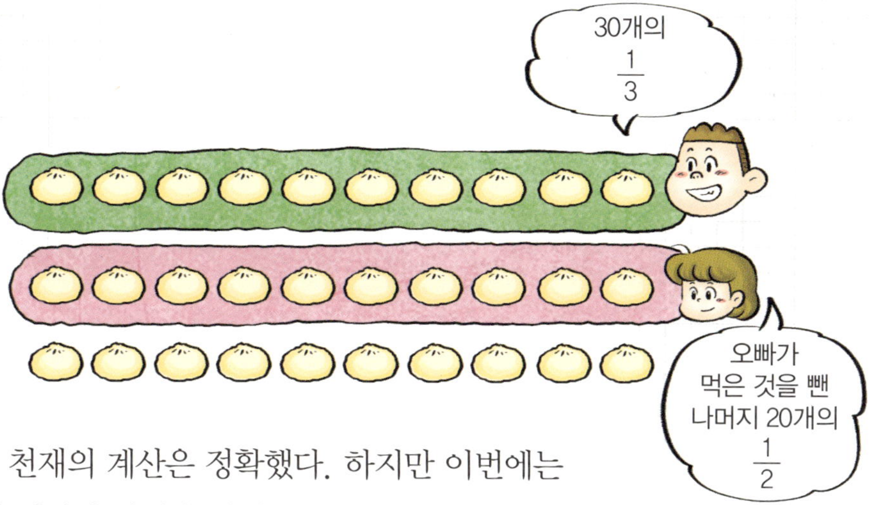

30개의 $\frac{1}{3}$

오빠가 먹은 것을 뺀 나머지 20개의 $\frac{1}{2}$

　천재의 계산은 정확했다. 하지만 이번에는 수원이가 판결을 받아들이지 않았다. 수원이는 바닥에 떨어진 침 범벅 찐빵 조각을 가리켰다.
　"아니, 내가 이겼어. 증거는 오빠 입에서 튀어나온 저 찐빵 조각이야. 오빠는 찐빵의 마지막 한입을 먹다가 목에 걸렸고 내가 하임리히법을 써서 빼 줬어. 오빠가 먹은 찐빵 중 토해 낸 저 한입을 빼야 하니까 내가 더 많이 먹은 거 맞지?"
　수원이는 먹방 영재의 동생다운 먹방 천재였다.
　천재가 먹방 남매에게 감탄하는 사이 마방진은 재원이의 목에서 튀어나온 찐빵 조각을 요리조리 살펴보았다. 진정한 탐정이라면 증거물이 침 범벅이 아니라 똥 범벅이라도 만져 보고, 찔러 보고, 냄새 맡아 단서를 찾는 법이니까.

"유령 짓은 확실해. 근데 왜 천재 친구들을 노리지? 혹시 우리 천재까지 노리면? 안 돼, 안 돼, 천재는 내가 지킨다."

마방진은 사건 현장을 둘러보았다. 특별히 수상한 점은 없었다. 주리네 냉장고에 붙어 있던 '천재 크리에이터를 찾아라!' 포스터가 여기도 있다는 것뿐.

"천재 오빠도 유튜브 계속 찍고 있어? 오빠도 크리에이터 대회 나가지?"

수원이가 천재에게 묻는 순간 마방진의 탐정 직감에 반짝 불이 들어왔다.

"튜브? 크리……? 어디서 들어 봤는데. 맞다, 귀신산의 라이미 유령?"

천재는 마방진이 중얼거리는 말을 듣고 놀랐다.

"어? 형이 라이미를 어떻게 알아? 와! 유령 세계에서도 유튜브 봐?"

천재는 마방진에게 〈으앗! 라이미〉 채널을 보여 주었다. 라이미의 얼굴은 보이지 않았지만 목소리는 들렸다.

"화이트, 조심해."

순간 마방진은 수수께끼를 풀었다.

"천재야, 네 친구들을 노리는 유령은 화이트라는 토끼를 키웠고, 유튜브에 영상을 올린 키즈 크리에이터 라이미야.

지금 라이미 유령은 크리에이터 대회 참가자들을 괴롭히고 있어."

천재는 소름이 오싹 끼쳤다.

'내가 동영상 촬영할 때마다 이상한 일이 벌어졌는데, 그게 다 유령 때문이라고?'

천재는 무서워서 다리가 후들후들 떨렸다. 크리에이터 대회에 1등을 하겠다고 큰소리를 땅땅 치던 용기는 어디론가 사라지고 말았다.

"천재야, 이 대회는 포기해. 라이미 유령은 내가 체포할게. 지금 어디 있는지 알 것 같아."

탐정 유령 마방진은 당장 귀산 도서관으로 날아갔다.

피타고라스 유령이 낸
수학 문제

"크리에이터 대회에 참가하는 아이가 또 누구였지? 맞다, 안경 쓰고 똘똘하게 생긴 남자아이! 그래, 다음은 네 차례다. 내가 다 부숴 버릴 거야. 〈으앗! 라이미〉보다 더 인기 있는 채널을 만들게 가만두지 않을 거야."

라이미 유령은 분노 에너지를 이글이글 불태우며 지한이의 집으로 날아갔다.

"〈진지한의 즐수학 TV〉? 설마 '수학'이 내가 아는 그 '수학'인가? '즐'은 즐겁다, 즐기다의 '즐'? 그럼 연산, 도형, 분수, 확률 뭐 이런 걸 즐겁게 즐기게 해 준다고?"

라이미 유령은 수학을 즐겁게 즐긴다는 건 불가능하다고

믿는다.

  이렇게 말도 안 되는 콘텐츠를 기획한 아이는 도대체 어떤 아이일까? 라이미 유령은 영상을 찍고 있는 지한이를 유심히 지켜보았다.

"직각삼각형하면 생각나는 수학자가 있죠? 바로, 제가 제일 좋아하는 고대 그리스의 수학자 피타고라스예요."

"저런 걸 누가 봐?"

라이미 유령은 코웃음을 쳤다. 하지만 지한이가 색종이를

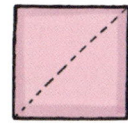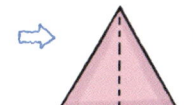

한 번 접고 두 번 접어 직각을 설명할 때, 라이미 유령은 자신도 모르게 고개를 끄덕였다.

"저런 선생님을 만났으면 나도 수학이 쉬웠을까?"

그 생각이 들자마자 라이미 유령의 분노 에너지가 또다시 솟구쳤다.

"그래서 네 영상을 망쳐야겠어. 나 같은 수포자들에게 수학을 쉽게 알려 주면, 넌 인기 크리에이터가 될 테니까!"

라이미 유령은 지한이에게 달려들었다.

지지직, 라이미 유령은 지한이를 둘러싼 강력한 유령 전기 에너지에 감전되고 말았다.

"누구야? 누가 날 방해해?"

"나? 피타고라스."

고대 그리스의 수학자 피타고라스 유령이 지한이를 지키고 있었다.

"직각이 뭔지도 모르는 유령이, 이 시대에 보기 드문 수학을 즐기는 아이를 괴롭히다니! 너를 고대 그리스로 데려가 평생 수학 공부만 하는 벌을 내려야겠다."

수학 공부도 하기 싫지만 고대 그리스에는 유튜브가 없다는 게 더 문제였다. 그럼 심심해서 어쩌라고! 라이미 유령은 피타고라스 유령의 벌을 피해야만 했다.

"저도 알아요, 직각이 뭔지. 피타고라스 유령님이 직각 문제를 내서 제가 맞히면, 절 놓아 주세요."

"좋아. 그렇다면 여기 지한이네 거실에 있는 물건 중에 직각이 있는 물건을 모두 찾아보렴."

이렇게 색종이를 두 번 접으면 직각삼각형이 만들어져요.

오~ 우리 〈진지한의 즐수학 TV〉를 본 보람이 있군!

"직각은 90도예요. 각도기가 있으면 금방 찾죠. 하지만 난 각도기가 없어도 찾을 수 있어요."

라이미 유령은 지한이에게 배운 대로 색종이를 두 번 접어 직각삼각형을 만들었다. 그리고 직각삼각형 색종이를 각도기처럼 물건에 대보면서 직각이 있는 물건을 찾았다.

창문 　　　책장 　　　거울 　　　오디오

피타고라스 유령이 낸 퀴즈의 정답을 맞히고, 라이미 유령은 겨우 자유를 찾았다. 지한이를 괴롭히지 않기로

크리에이터 대회는 저주받았대. 난 유령도 봤다니까!

단단히 약속도 했다. 다시 생각해 보니 지한이의 영상을 망칠 필요도 없었다. 아무리 수학을 쉽게 가르쳐 줘도, 수학 공부하는 유튜브를 보는 사람은 별로 없을 것 같으니까.

　라이미 유령은 그래도 살짝 심술을 부리고 싶었다. 그래서 휘웅, 차가운 유령 바람을 일으키며 사라졌다.

"창문이 열려 있나? 웬 찬 바람?"

　유령을 믿지 않는 지한이는 유령이 둘이나 왔을 거라고는 상상도 하지 못하고, 애꿎은 창문만 꼭꼭 닫았다.

　그날 이후, 귀산 도서관 근처의 학교들에 불길한 소문이 돌았다.

"귀산 도서관에서 여는 크리에이터 대회는 저주받았대. 참가자들이 사고를 당해 불행해진대."

유령이라니, 말도 안 돼! 안 그래, 천재야?

유령의 짓이라고 말할 수도 없고….

난 유령이 있는 것 같아. 내가 겪은 일이 그 증거라고!

　공포스러운 일에 휘말리기 좋아하는 주리가 자신과 재원이에게 일어난 일을 부풀려서 퍼트린 탓이었다.
　천재는 소문의 진상을 알지만, 고민에 빠졌다.
　'유령과 엮이기 싫어. 그런데 크리에이터 대회에서 상은 타고 싶어. 어쩌지? 계속할까, 포기할까?'
　천재의 마음을 읽기라도 한 듯 마감날 오후에 귀산 도서관 선생님이 전화를 했다.
　"마감까지 영상을 올린 친구가 천재와 지한이 뿐이라 예선 없이 두 사람을 결선에 진출시켰어. 다음 주까지 올리는 영상으로 평가를 할 테니까 잘해 보렴. 조심하고. 우리 대회에 유령이 붙었다는 둥 이런 오해는 받기 싫거든. 설마 너도 포기하는 건 아니지?"
　천재는 결정을 하지 못해서 우물쭈물 말을 못 했다.
　"참, 상품이 늘었다고 말했니? 3·4·5등 상품도 다 1·2등에게 몰아주기로 했거든."
　"정말요? 열심히 하겠습니다."
　천재는 금방 마음을 바꿨다. 제대로 찍기만 하면 지루한 지한이의 수학 채널쯤은 이길 수 있을 것이다.

크리에이터가 가장 받고 싶은 버튼

유튜브 크리에이터들이 특별히 좋아하는 버튼이 있다.
유튜브 회사에서 주는 커다란 버튼!
이 버튼을 받는 방법은 단 하나 뿐. 구독자가 많아야 한다.
구독자는 어떤 채널에 올라온 영상을 꾸준히 보겠다며
'구독'을 누른 사람들이다.
유튜브 회사에서는 구독자 수가 10만 명이면 실버 버튼을,
구독자 수가 100만 명이면 골드 버튼을, 구독자 수가
1000만 명이면 다이아몬드 버튼을 준다.
구독자 수가 더 많아져 5000만 명이 넘으면, 특별히
제작한 루비 버튼을 보내 준다. 루비 버튼은 모든
크리에이터의 꿈이다. 하지만 딱 두 명의 크리에이터는
별 관심이 없을 것이다. 그 두 사람은 구독자 수가 1억 명이
넘어서 레드 다이아몬드 버튼을 받았기 때문이다.

라이미 유령의
달콤한 제안

탐정 유령 마방진의 예상이 맞았다. 라이미 유령은 귀산 도서관에서 크리에이터 대회의 신청서를 뒤지고 있었다.

 "라이미, 또 다른 참가자들을 찾아내 괴롭히려고? 그건 안 되지. 그리고 우리 천재를 괴롭히지 마. 유령을 보기만 해도 무서워서 곱슬머리가 삐쭉 서는 순수 영혼 안천재 앞에 다시 나타나기만 해 봐."

 마방진은 유령 체포 그물을 꺼내며 용감하게 말했다. 라이미 유령은 코웃음을 쳤다.

 "흥! 거짓말. 유령을 볼 수 있는 아이가 어디 있어? 살아 있는 아이는 유령을 못 본다고. 나도 살아 있을 때는 한 번도 못 봤거든."

 "우리 천재는 유령들의 특별한 인간 친구야. 너처럼 평범한 애랑 같은 줄 알아?"

 마방진이 천재 이야기를 하느라 잠시 방심한 사이, 라이미 유령은 마방진의 눈앞에 신청서를 휘리릭 날렸다. 시야가 가려진 마방진이 허둥대는 사이, 라이미 유령은 밖으로 달아났다.

 "휴, 조심해야지. 탐정 유령이 인간 친구 천재 어쩌고 떠들지 않았다면 잡힐 뻔했네."

 라이미 유령은 마방진을 따돌렸지만 어디로 가야 할지 몰라 막막했다.

 "진짜 유령을 보는 인간이 있으면 얼마나 좋을까? 당장

찾아가 어르고 을러서 유튜브 영상을 찍어 달라고 할 텐데!"
 라이미 유령은 투덜거리다 문득 까마귀 유령의 말을 떠올렸다. 갑자기 유령이 되어서 억울하다고 부르짖을 때 까마귀 유령이 해 준 말이었다.
 '그렇게 억울하면 곱슬머리를 찾아가 봐. 그 곱슬머리가 천재인가 안 천재인가? 암튼 유령을 본대. 인간 세상을 떠도는 유령들 사이에는 꽤 유명해. 찾아가는 유령들도 많고……'
 "천재? 곱슬머리? 유령을 본다고? 그 아이다!"
 라이미 유령은 유령 꼬리를 휘날리며 휘리릭 날아갔다.

　라이미 유령은 달콤한 목소리로 천재를 꼬드겼다. 유령 같은 으스스한 분위기는 1% 정도? 아니 10% 미만으로 느껴졌다. 천재는 저도 모르게 설득되어 조용히 고개를 끄덕였다.

　"내가 도와줄게. 너를 인기 크리에이터로 만들어 줄게. 대신 〈으앗! 라이미〉에 올릴 내 영상을 찍어 줘. 만약 거절하면 평생 뱀을 들고 너를 쫓아다닐 거야."

　라이미 유령은 갑자기 100% 으스스한 유령으로 돌변하여

소리쳤다. 천재는 세차게 고개를 끄덕였다. 분노 에너지에 휩싸인 유령을 함부로 건드리면 안 되기도 하고, 인기 크리에이터가 되고 싶기도 했다.

"좋아! 계약은 성립되었어."

왈왈왈왈, 갑자기 흰둥이가 달려와 미친 듯이 짖었다. 흰둥이는 예전에 유령이었다가 생명수를 먹고 다시 살아난 강아지다. 그런데도 유령을 너무 싫어해서 유령만 보면 마구 짖었다. 천재는 그런 흰둥이가 불편할 때도 있지만 든든할 때가 더 많다.

천재는 든든한 흰둥이를 안고 라이미 유령에게 물었다.

"한 가지만 확인할게. 주리랑 재원이를 네가 괴롭혔니? 그 애들 큰일 날 뻔했어."

"절대 아니지."

라이미 유령은 천진난만한 표정으로 대답했다.

'라이미 유령이 진실을 말하는지 거짓을 말하는지 모르겠어. 마방진 형아가 있으면 유령 거짓말 탐지기로 손쉽게 알아낼 텐데.'

하는 수 없이 천재는 수학 시험에서 모르는 문제가 나올 때처럼 찍기로 했다. 마방진이 싫어하는, 이기적인 느낌을 팍팍 풍기는 소수를 좋아하면 거짓말쟁이, 소수를 싫어하면 진실한 유령이다!

"너, 소수 좋아해?"

"소수? 당연히 싫어하지. 너무 쪼끔이잖아."

소수를 싫어하는 걸 보니 라이미 유령은 진실한 유령이다! 천재는 막 이렇게 결론을 내리려다 고개를 갸웃거렸다. 뭔가 이상했다.

"근데 소수가 왜 쪼끔이야?"

"0.1, 0.5, 0.9 이런 게 소수잖아. 0보다 크고 1보다 작은 수니까 너무 쪼끔이야. 난 무조건 큰 게 좋아."

"아니야. 내가 말한 소수는 1과 자기 자신만으로 나누어떨어지는 수 중에서, 1보다 더 큰 정수를 말해. 2는 1과 2로만 나누어떨어지니까 소수고, 3도 1과 3으로만

나누어떨어지니까 소수, 5도 소수, 7도 소수… 그러니까 소수가 조금은 아닌 거지."

"뭐래? 난 그런 건 들어 보지도 못 했거든."

"그건 네가 수학을 못하니까 그런 거 아닐까?"

"아니거든."

천재와 라이미 유령은 서로 자기 말이 맞다고 우기다 동시에 스마트폰을 검색했다.

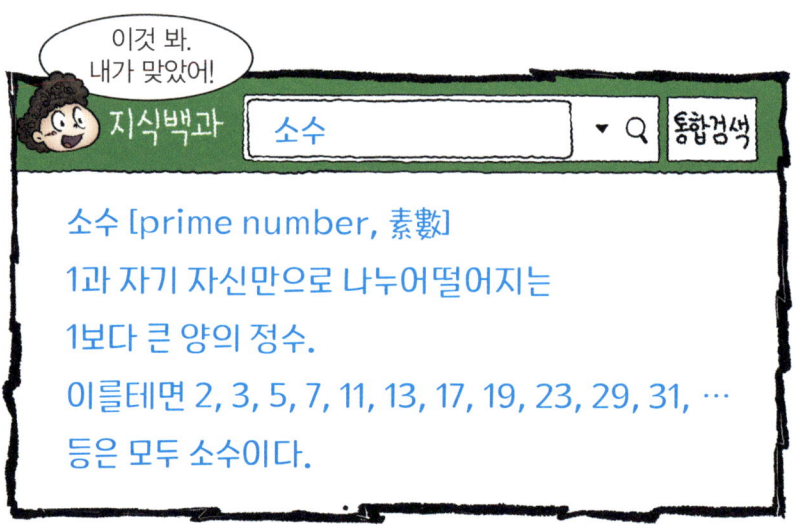

"내 말이 맞지?"

먼저 검색을 마친 천재가 스마트폰 화면을 라이미 유령에게 보여 줬다. 그러자 라이미 유령도 자신의

스마트폰 화면을 천재에게 보여 주었다.

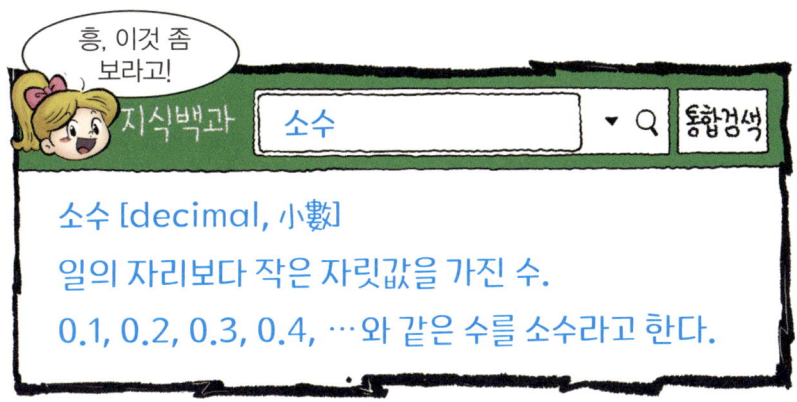

흥, 이것 좀 보라고!

지식백과 소수 통합검색

소수 [decimal, 小數]
일의 자리보다 작은 자릿값을 가진 수.
0.1, 0.2, 0.3, 0.4, …와 같은 수를 소수라고 한다.

"내 말이 맞지?"
 천재와 라이미 유령이 각각 설명한 소수의 뜻이 둘다 맞았다. 소수(素數)와 소수(小數)는 완전히 다른 개념이었다. 영어와 한자로 쓰면 확실히 구별할 수 있다. 하지만 한글로는 똑같이 '소수'라고 쓰기 때문에 다투게 된 거였다.
 "어우, 그런 거였어? 어쨌든 소수가 더 싫어졌네."
 라이미 유령은 몸서리를 쳤다.
 "나도. 소수 너무 싫어. 무섭게 유령이랑 다툼이나 벌이게 하고."

천재도 몸서리를 쳤다. 어쨌거나 소수를 싫어하니까, 라이미 유령은 거짓말쟁이가 아니었다. 천재 생각에는 말이다.

"그럼 내 친구들을 괴롭힌 유령은 누굴까?"

천재는 고개를 갸웃거렸다.

순진하게 속는 천재를 보고 라이미 유령은 씨익 웃었다. 적어도 마방진의 말 중 하나는 확인했다. 천재는 매우 순수한 영혼이었다. 라이미 유령은 이제 본론으로 들어가 천재를 자기 뜻대로 요리하기 시작했다.

"천재야, 너 유령 카메라 본 적 있어?"

라이미 유령은 천재가 좋아할 아이템을 슬쩍 내놓았다. 예상대로 천재는 유령 카메라에 홀딱 반해 라이미 유령에게

매달렸다.

"유령 카메라 진짜 갖고 싶었어. 유령이 어떻게 찍혀? 내가 찍어 봐도 돼?"

"당연하지. 이걸로 내 영상을 찍어서 나 대신 〈으앗! 라이미〉 채널에 올려 줘. 구독자 10만 명을 달성하고 실버 버튼을 받으면 유령 세계로 돌아갈게. 하지만 그 전엔 절대 못 가!"

라이미 유령은 성격이 너무 급해서 툭하면 분노 에너지가 솟구쳤다. 천재는 무서워서 비명을 지를 뻔했지만 꾹 참았다. 아직 라이미 유령과 협상할 일이 한 가지 남아 있기 때문이다.

"네 영상 다 찍고 유령 세계로 올라갈 때 그 유령 카메라를 나한테 주고 가. 그럼 할게."

유령 카메라만 있으면 천재도 인기 크리에이터가 될 수 있다. 귀여운 유령, 끔찍한 유령, 사람들이 보고 싶어 하는 유령들을 골라서 찍어 올리면 구독자 모으기는 식은 죽 먹기다. 주리에게 빌려 주면 일 년 동안 천재의 소원도 들어줄 거다.

흐흐흐, 천재는 백 년 묵은 유령처럼 웃었다.

중독을 부르는 유튜브 알고리즘

유튜브를 한 번 보면 멈추기가 힘들다.
도대체 유튜브는 어떻게 내가 좋아할 영상을 쏙쏙 뽑아 추천할까? 바로 그 사람이 좋아하는 영상을 추천해 주는 알고리즘이 있기 때문이다.
유튜브 알고리즘은 우리가 유튜브를 보는 내내 우리를 지켜본다. 무슨 영상을 보는지, 몇 분 동안 보는지, 보다가 멈추는 지점은 어디인지 파악하고 있다.
하루 중 언제 일주일 중 언제 영상을 보는지, 집에서 보는지 밖에서 보는지, 심지어 나랑 같은 영상을 본 다른 사람들은 어떤 영상을 보는지도 확인한다.
이 모든 정보를 바탕으로 그 사람이 거부할 수 없는 영상을 추천한다.
그래서 유튜브를 보는 사람들의 70%가 알고리즘이 추천하는 영상을 본다고 한다.

아슬아슬한
소름 절벽의 높이

"하필이면 왜 귀신산이야?"

천재는 후회했다. 아무리 유령 카메라가 탐이 나도 귀신산에 오지 말걸 그랬다. 귀신산은 온갖 미스터리한 사건들이 줄줄이 일어나는 소름 끼치는 산이다. 귀신산 꼭대기에 있던 미스터리 호텔에서는 미스터리한 죽음이 있었고, 지금은 폐쇄된 드론 경기장에서도 수상한 사건이 일어났었다.

"다시는 귀신산에 안 오려고 했는데……."

천재는 눈물을 글썽이며 동동거렸지만 라이미 유령은 귀신산에서 가장 소름 끼치는 장소로 천재를 데려갔다.

물귀신이 너무 많이 나와서 메꿔 버렸다는 물귀신 연못 자리였다.

"안천재, 당장 여길 파."
"싫어. 귀신 나오면 어떡해!"
"내가 바로 귀신이거든!"
라이미 유령은 크아악 분노 에너지를 내뿜었다.
천재는 겁먹은 흰둥이처럼 쪼그리고 앉아 땅을 팠다. 구렁이만 한 지렁이 유령, 다리가 100개 달린 노래기 유령, 하늘로 승천할 것처럼 큰 지네 유령, 들고양이에 쫓겨 달아나다 죽은 생쥐 유령까지 꾸물꾸물 올라왔다.
"꺄악, 더 이상 난 못 하겠어."
"좋아. 이제 찍어. 난 라이브 방송처럼 진행할 거야."

라이미 유령은 끔찍한 벌레 유령들 사이에서 발랄하게 유튜브 방송을 시작했다.

〈으앗! 라이미〉의 라이미예요. 세상에서 가장 오싹한 벌레들은 무엇일까요? 바로 연못에 빠져 죽은 벌레 유령들이죠~.

"어디, 영상이 잘 찍혔는지 볼까?"

라이미 유령은 기대에 부풀어 영상을 돌려보았다. 그런데 영상이 죄다 흔들려서 라이미 유령의 얼굴도, 벌레 유령들의 끔찍한 몸통도 흐리멍덩하게만 보였다.

"이게 뭐야? 영상도 제대로 못 찍으면서 어떻게 1등을 하겠다는 거야?"

"어형, 미안해. 너무 무서워서 손이 덜덜 떨렸어. 다시 찍을게."

천재가 이 끔찍한 유령 지옥에서 벗어날 길은 라이미 유령이 원하는 대로 벌레 유령 영상을 가장 징그럽게 찍어

주는 것 뿐이었다.

"좋아. 우리 바닐라를 닮은 지렁이 유령부터 다시 시작하자."

라이미 유령은 대형 지렁이 유령을 인터뷰했다. 천재는 팔과 다리에 힘을 팍 주고 열심히 찍었다. 라이미 유령은 천재보다 훨씬 훌륭한 크리에이터였다. 키즈 크리에이터는 라이브 방송을 하지 못하지만, 라이미 유령은 생생한 방송을 위해 라이브 방송 같은 느낌을 주겠다며 구성안도 미리 준비했다. 멘트도 연습해 왔는지 자연스럽게 술술 말했다. 천재는 마구잡이로 찍어서 편집도 제대로 하지 않고 올린 자신의 영상이 부끄러워졌다. 유령 카메라를 받으면 꼭 제대로 찍어서 올려야겠다고 마음먹었다.

한참 촬영 중에 라이미 유령이 갑자기 소리를 빽 질렀다.

"화이트? 화이트, 너 맞지? 이리 와."

그날, 귀신산에서 잃어버린 화이트가 저쪽으로 뛰어갔다. 라이미 유령은 눈물을 뚝뚝 흘렸다.

"천재야. 우리 화이트 좀 찾아 줘."

"유튜브는? 아직 다 못 찍었잖아."

　라이미 유령의 눈동자가 흔들렸다. 그럼 그렇지! 다른 아이들이 천재 크리에이터가 되는 꼴을 볼 수 없어서 크리에이터 대회 참가자들을 괴롭힌 라이미 유령 아닌가! 토끼와 유튜브 중 뭘 선택할지는 뻔했다. 천재는 다시 촬영을 하려고 유령 카메라를 고쳐 들었다.

　"화이트가 먼저야. 천재야, 우리 화이트 좀 찾아 줘. 이 산속에서 얼마나 무서울까? 네가 구해 주지 않으면 우리 화이트는 곰한테 잡아먹힐 거야."

　"여기 곰 없거든."

　"그럼 늑대? 여우?"

　"우리나라에서 늑대랑 여우는 벌써 멸종됐어. 귀신산에서 토끼를 잡아먹을 동물이라고는 매 정도?"

　바로 그때 하늘 높은 곳에서 매가 나타났다. 먹잇감을 발견했는지 귀신산 위를 빙빙 맴돌았다.

　"매다. 우리 화이트를 잡아먹으려나 봐. 네 이놈."

　라이미 유령은 쏜살같이 올라가 매를 쫓았다. 천재는 라이미 유령이 욕심 많고 못 된 줄 알았는데, 화이트를 사랑하는 마음은 천재가 흰둥이를 사랑하는 마음과 같았다. 어휴, 천재는 한숨을 쉬었다.

　작은 집토끼에게 귀신산은 위험하다. 어린 초딩에게 귀신산이 위험한 것만큼. 천재는 화이트를 찾아 주기로 했다.

"화이트를 처음에 어디서 잃어버렸어?"

라이미 유령은 지도를 꺼냈다.

"여기쯤인 것 같아. 여기에 높은 절벽이 있었는데 절벽에 서 있는 화이트를 구하려다 내가 떨어졌거든. 근데 이 절벽의 높이가 얼마나 될까? 화이트가 여기서 나를 기다리다가 떨어지면 어떡해?"

"여긴 소름 절벽이야. 귀신산에서 가장 높고 위험한 곳이지. 여기 산 높이는 축척을 보면 알 수 있어. 지도는 실제 땅을 줄여서 그린 건데, 얼마나 줄였는지 나타낸 비율이 축척이야. 그리고 산 높이는 지도에 그려져 있는 등고선을 보면 알 수 있어. 등고선이란 높이가 같은 곳을 선으로 이어놓은 곡선이야. 등고선을 보면 산의 높낮이와 경사가 급한지 완만한지 알 수 있지. 귀신산 가장 꼭대기에

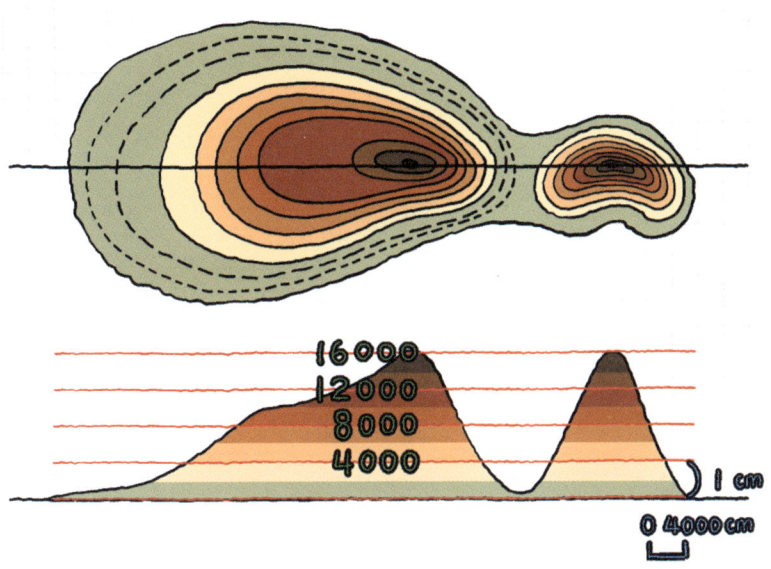

막대자	분수	비율	지도 위 실제 거리
0 4000	$\frac{1}{4000}$	1:4000	4000cm

있는 소름 절벽의 실제 높이를 구하려면……."

천재는 아껴 두었던 수학 실력으로 절벽의 높이를 구했다.

"이 지도의 축척은 4000분의 1이야. 지도상의 1cm가 실제는 4000cm라는 뜻이지. 이 지도에서 소름 절벽의 높이는 4cm니까 실제 높이는 4000×4=16000. 100cm가

1m니까 16000cm인 소름 절벽의 높이는 160m야. 하지만 화이트가 거기에 있을까?"

"거기서 나를 기다릴지도 몰라. 살아 있던 나랑 헤어진 곳이니까."

라이미 유령의 예상이 맞았다. 화이트는 소름 절벽 끝에 웅크리고 있었다.

"화이트."

라이미 유령이 화이트에게 와락 달려들었다. 그 바람에 놀란 화이트가 절벽 끝으로 폴짝 뛰었다.

"안 돼."

천재는 훌쩍 뛰어 화이트를 멋지게 잡고, 그대로 아래로 떨어졌다. 절벽 밑으로. 라이미 유령이 그랬던 것처럼.

"으아아앗! 나 때문에, 나 때문에 화이트와 천재가 유령이 되었어. 어떡해."

라이미 유령은 너무 끔찍하고, 무섭고, 슬퍼서 그만 달아나 버렸다.

전통 단위 환산하는 법

천재는 아직 유령이 되지 않았다. 화이트를 구하다 절벽에서 떨어졌지만, 절벽 아래 툭 튀어나온 넓적 바위에 떨어진 덕분에 목숨을 구했다. 천재는 죽을 만큼 무서웠지만, 살아 있는 것에 감사했다.

천재는 바들바들 떨면서 스마트폰을 꺼냈다.
"119. 119에 구조 요청해야지. 근데 119 전화번호가 뭐더라?"

천재는 떨리는 손으로 전화번호를 누르다 그만 스마트폰을 바위 밑으로 떨어뜨리고 말았다.

"안 돼. 엄마가 다시는 안 사 준다고 했단 말이야. 살려 줘. 누가 내 스마트폰 좀 살려 줘요. 마방진 형아, 나 좀 구해 줘!"

그 시각, 마방진은 귀신산에서 라이미 유령의 흔적을 찾고 있었다. 최신 유령 태블릿PC로 무장한 채 전통적인 탐문 수사를 벌이는 중이다.

"라이미 유령이 여기서 뭘 하고 있었죠?"

마방진은 귀신산의 사람 유령, 동물 유령을 샅샅이 찾아다니며 예리한 질문을 퍼부었다. 그러던 중 어디선가 들리는 천재의 외침 소리.

"마방진 형아, 나 좀 구해 줘!"
천재의 목소리는 귀신산을 쩌렁쩌렁 울렸다.
"천재 천재 안천재. 기다려. 마방진이 간다. 우리 천재는 내가 꼭 지킬 거야."
마방진은 천재의 목소리가 들리는 곳으로 단숨에 날아갔다.
천재는 혼이 쏙 빠진 채 절벽 밑 바위에 앉아 있었다. 때가 꼬질꼬질 붙은 작은 토끼를 끌어안은 채 말이다.

"천재야, 괜찮아? 무서워서 넋이 다 나갔네. 안천재 정신 좀 차려 봐!"

"마방진 형아, 내 스마트폰 좀 찾아 줘요. 저 밑으로 떨어졌어. 잃어버리면 엄마가 다시는 안 사 준댔는데. 엉엉엉."

높은 바위 위에 고립되었는데 스마트폰 걱정이 먼저라니! 스마트폰 없이도 행복하게 살았던 구식 유령은 도무지 이해할 수 없었다.

"어이구, 지금 스마트폰이 문제야? 얼른 구해 줄게. 유령 에너지로 너를 절벽 위로 올려 줄게."

유령은 원래 인간과 접촉하지 못한다. 하지만 강력한 유령 에너지가 모이면, 순간적으로 인간을 밀거나 당기거나 들어 올릴 수 있다.

마방진은 통통한 뱃살 속 에너지와 살아 있을 때 먹었던

밥심까지 끌어올려 천재의 엉덩이를 힘껏 들어 올렸다.
"으라차차차!"
천재의 엉덩이가 5cm쯤 붕 떴다가 툭 떨어졌다.
"안 되겠어. 유령 에너지가 모자라."
"그럼 나, 여기서 평생 화이트랑 둘이 살아야 해요? 마방진 형아, 나 집에 가고 싶어요. 엉엉엉~."
천재는 눈물을 주르르 흘렸다.
"잠깐 기다려."
마방진은 천재를 버려 두고 유령처럼 홀연히 사라졌다.
"마방진 형~ 날 버리지 마요~. 날 지켜 준다고 했잖아요."
천재의 외침은 절벽 아래 산산이 부서졌다.
한참을 기다려도 탐정 유령 마방진은 나타나지 않았다. 대신 반갑지 않고, 끔찍하기까지 한 귀신산의 유령들이 스멀스멀 몰려왔다.
물귀신 연못 자리에 사는 유령, 절벽 밑에 사는 유령, 귀신산 공동묘지에 사는 유령 가족, 올빼미 둥지에 꼽사리 끼어 사는 유령 등이 무시무시한 손을 천재에게 뻗으며 스르륵스르륵 다가왔다.
"곱슬머리가 몇 근이나 나가나?"

"보기보다 살집이 있군."

"인간 애들은 통통한 게 좋아."

유령들은 천재보고 들으라는 듯, 큰 소리로 떠들며 날아왔다.

온갖 유령을 다 겪어서 담력이 꽤 세진 천재지만 위태로운 바위 위에서 유령들에게 둘러싸인 적은 처음이었다. 게다가 보기보다 살집이 있군, 인간 애들은 통통한 게 좋아… 이런 말들은 괴물, 도깨비, 나쁜 마법사, 마녀, 어둠의 유령들이 인간 어린이를 잡아먹을 때 하는 말 아닌가?

"잡아먹지 말아요. 나, 맛 없단 말이에요."

천재가 거의 울기 직전에 유령들을 헤치고 마방진이 나타났다.

"천재야, 너를 도울 유령들이야. 인간에게 접촉하면

에너지가 엄청 많이 소모되는데, 그래도 귀신산 유령들이 널 도와준대."

"도와준다고? 유령들이?"

천재는 믿을 수 없었다. 천재의 유령 기억은 어둠의 유령들에게 쫓기고, 당하고, 위협을 받은 일들이 대부분이었다.

"얼마 전엔 실패했어. 어떤 아이가 너무 빨리 떨어지는 바람에⋯⋯. 이번엔 꼭 살리고 싶어. 걱정 마라, 아가야."

물귀신 유령은 차가운 물이 뚝뚝 떨어지는 손으로 떨고 있는 천재의 어깨를 토닥였다. 천재는 얼떨떨하면서도 감동을 받았다.

"유령님들, 이제 모두 함께 천재를 저 절벽 위로 올려 주자고요. 먼저 유령님들이 들어 올릴 수 있는 인간의 무게를 얘기해 주세요."

마방진은 유령들을 지휘하며 천재 구조 작전을 펼쳤다. 든든한 천재의 수호 유령다웠다.

하지만 천재는 유령들의 말을 하나도 이해하지 못했다. 들 수 있는 무게를 말하라는데 관이 어떻고, 근이 어떻고, 돈은 또 뭐야? 돈을 주면 들어 준다는 건가? 어리둥절한 천재에게 마방진이 설명해 주었다.

"다들 오래 전에 죽은 유령들이잖아. 현대에 무게를 재는 단위인 g이나 kg은 잘 몰라. 옛날에 무게를 재는 단위인 관, 근, 돈이 익숙하지. 하지만 걱정 마. 뛰어난 수학 실력으로 알쏭달쏭한 미스터리 사건을 해결하는 나, 수학 탐정 유령님께서 옛날 단위를 kg으로 바꿔 줄게."

천재의 목숨이 소름 절벽에 대롱대롱 달려 위태로운데 마방진의 자기 자랑은 멈추지 않았다. 천재는 고개를 절레절레 저으면서도 미소를 지었다. 위험한 순간에도

빛을 잃지 않는 마방진의 발랄함이 천재를 안심시키기 때문이었다.

"관은 주로 채소 무게를 재는 데 쓰는 단위인데, kg으로 바꾸면 1관은 3.75kg이야. 근은 고기와 채소 무게를 재는 데 쓰는 단위인데, 고기 1근은 600g, 채소 1근은 375g이야. 천재의 몸무게는 고기 쪽에 가까우니까 1근은 600g으로 계산하면 돼. 돈은 금과 같이 가벼운 것을 재는 데 쓰는 단위야. 1돈은 3.75g이야."

물귀신 유령 2관 / 2×3.75kg=7.5kg
절벽 유령 6근 / 6×600g=3600g=3.6kg
공동묘지 아빠 유령 8근 / 8×600g=4800g=4.8kg
공동묘지 딸 유령 100돈 / 100×3.75g=375g=0.375kg
올빼미 친구 유령 1관 / 3.75kg
마방진 3관 / 3×3.75kg=11.25kg

"우리가 들 수 있는 무게를 계산하면 7.5+3.6+4.8+0.375+3.75+11.25=31.275kg이야."
"백짓장도 맞들면 낫다고, 우리 힘을 다 합치니까 엄청

크다. 천재 네 몸무게가 몇이지? 뚱뚱하지 않은 걸 보면 이보다는 가볍겠지?"

유령들은 자신만만했다.

"아까 들어 보니까 그렇게 무겁지 않더라고."

천재 엉덩이를 겨우 5cm 들어 올린 마방진도 맞장구를 쳤다. 어휴, 천재는 한숨과 함께 대답했다.

"제 몸무게는… 33kg이에요."

천재는 유령들이 들 수 있는 무게보다 1.725kg 더 무거웠다. 실망한 유령들은 일제히 한숨을 쉬었다. 한숨 에너지가 너무 무거워서 하마터면 소름 절벽이 꺼질 뻔했다.

"아웅, 안 되겠어. 가서 지한이한테 유령 뽀뽀를 하고 도와달라고 할게."

탐정 유령 마방진에게 유령 뽀뽀를 당한 인간은 유령을 볼 수 있는 유령 친구가 된다. 그럼 유령과 말이 통하게 되고, 지한이는 당연히 천재를 구하는 데 발 벗고 나서겠지. 하지만 지한이는 천재 때문에 벌써 몇 번이나 유령 친구가 되어 미스터리한 사건들을 해결하다 죽을 뻔했다. 유령 세계에서 영영 못 돌아올 뻔하기도 했다.

"다른 방법은 없을까요? 다시는 지한이에게 유령 기억을

만들어 주고 싶지 않은데……."

천재는 지한이에게 미안해서 풀이 죽었다. 유령들은 친구를 생각하는 천재가 대견하다며 천재의 곱슬머리를 마구 쓰다듬었다. 겁에 질린 천재가 턱을 덜덜 떠는 줄도 모르고 말이다.

부스럭, 절벽 위에서 사람 소리가 났다. 유령들은 순식간에 흩어져 숨었다. 귀신산 유령들은 요즘 사람을 보면 일단 숨기부터 한다. 첨단 장비로 무장하고 유령을 찾아다니는 유령 사냥꾼이 자주 나타나기 때문이다.

그런데 절벽 위에 나타난 사람은 천재 엄마와 비슷한 나이로 보이는 아줌마였다. 아줌마는 절벽 끝에 아슬아슬하게 서서 밑을 내려다봤다. 한 발만 미끄러져도

으앗! 천재는 위를 보며 소리쳤다.

"아줌마, 위험해요. 뒤로 물러서요!"

아줌마는 깜짝 놀라 뒤로 물러섰다.

"어머, 얘야. 너 왜 거기 있는 거야? 여기가 얼마나 위험한데. 여기서 떨어지면, 떨어지면 유령이 된다고. 우리 딸처럼."

아줌마는 울음을 터뜨렸다. 순간 천재와 마방진은 그 아줌마가 누군지 알아챘다.

"아줌마, 혹시 라이미 엄마예요?"

아줌마는 깜짝 놀라 다그쳐 물었다.

"어떻게 알았어? 우리 라이미를 아니? 라이미 친구야? 왜 위험하게 거기 있는 거니?"

라이미 유령과 친구는 아니었지만 천재는 그냥 친구라고 대답했다.

125

"라이미가 화이트를 구해달라고 했거든요."

"화이트! 그렇잖아도 라이미와 같이 없어져서 찾고 있었어. 얘야, 일단 내 손을 잡고 올라와."

아줌마는 엎드려 천재에게 손을 뻗었다.

내 채널에서 갑자기 영상이 사라진 이유

유튜브에 올린 내 영상이 갑자기 삭제되었다면 저작권법이라는 법률을 위반했을지 모른다.
저작권이란 사진, 영상, 음악 등의 창작물을 만든 작가가 가지는 권리다.
작가의 허락 없이는 누구도 그의 창작물을 마음대로 쓸 수 없다. 세계 평화와 정의를 위해서라고 해도 안 된다. 너무 좋아서 내 채널에 올린 아이돌 음악도 저작권 위반이다. 너무 좋은 그 음악을 만들기 위해 노력한 작사가, 작곡가, 노래를 부른 아이돌의 권리를 침해했기 때문이다.
유튜브에서는 저작권을 자동으로 감시하는 장치가 있어서 저작권을 위반하는 영상이 올라오면 경고 메시지를 보낸다. 그래도 계속 저작권을 위반하면 내 채널 자체가 하루아침에 사라질 수도 있으니 주의해야 한다.

10

유령 사냥꾼에게 쫓기는 천재

 천재는 화이트를 조심스럽게 안아 올려 아줌마에게 보내 주었다. 그리고 나서 아줌마의 손을 잡으려고 손을 뻗었다. 하지만 아슬아슬하게 손이 닿지 않았다.
 "천재야, 걱정 마. 우리가 유령 에너지를 보태면 쉽게 올라갈 수 있어."
 마방진과 유령들이 우르르 천재의 엉덩이를 들어 올렸다. 절벽 위에서는 죽은 나무 밑동에 살고 있는 990살 된 구렁이 유령이 스르르 기어 나와 아줌마의 허리와 나무 밑동을 함께 움켜쥐었다.
 "내 손을 잡고 올라와."

아줌마는 흡, 심호흡을 하고 두 손으로 천재를 끌어 올렸다. 그 순간 유령들은 온 힘을 다해 천재를 슈웅 밀어 올렸다. 천재는 부웅, 날듯이 절벽 위로 올라왔다.
"어머나, 네 점프 실력이 대단한데? 용기도 대단하고……."
아줌마는 공중으로 뛰어오른 천재를 보고 깜짝 놀랐다.
"아줌마가 잘 끌어올려 주셨어요. 고맙습니다."
천재는 꾸벅 인사를 했다.
"그런가? 내 힘이 이렇게 셌나? 아니면 네가 보기보다 가볍니? 라이미보다 가벼운 것 같아."
어리둥절하는 엄마를 보고 라이미 유령은 숨어 있던 곳에서 튀어나와 외쳤다.
"아니야, 엄마. 내가 더 가볍거든!"

　라이미 엄마는 유령이 된 딸의 목소리를 듣지 못했다. 라이미 유령은 갑자기 나무 밑동으로 스르르 기어들어가는 구렁이 유령에게 소리를 질렀다.
　"이봐요, 구렁이 유령님."
　라이미 유령을 피해 몰래 숨으려다 들킨 구렁이 유령은 벌러덩 누워 죽은 척했다.
　"죽은 척한다고 속을 줄 알아요? 난 뱀 전문가고요, 구렁이 유령님은 벌써 죽은 유령이라 또 죽을 수 없거든요. 암튼, 고마워요. 우리 엄마를 지켜 줘서."
　"뱀을 싫어하는 줄 알았는데, 아니었구나."
　구렁이 유령은 라이미 유령 옆에 또아리를 틀고 앉아 혀를 날름거렸다. 라이미 엄마는 바로 앞에 라이미 유령과 구렁이 유령이 있는 줄도 모르고 천재 몸의 흙을 털어 주고 머리를 쓰다듬었다.
　"얘야, 어서 내려가. 어린이는 산에 혼자 오면 위험해. 엄마가 걱정하실 거야."
　"흥! 그러는 엄마는 너무 바빠서 저한테 눈꼽만큼도 관심이 없었잖아요!"
　라이미 유령이 엄마를 원망스럽게 쳐다보며 말했다. 천재는 라이미 유령의 말을 그대로 따라 했다.

"우리 엄마는 너무 바빠서 저한테 관심 없어요."

"아니야. 엄마들은 아무리 바빠도 자식만 생각해. 그렇게 사랑스러운 아이에게 어떻게 관심이 없을 수 있겠니!"

엄마를 노려보던 라이미 유령의 눈에 눈물이 맺혔다.

"엄마. 엄마. 미안해."

라이미 유령은 엄마한테 와락 안겼다. 라이미 엄마의 눈에서도 눈물이 주르르 흘렀다.

천재는 라이미 유령이 꼭 인기 크리에이터가 되려고 인간 세상에 남은 것 같지 않았다. 엄마의 사랑을 확인하고 싶었던 게 아닐까?

"아줌마, 아줌마는 라이미가 지금 어떻게 지냈으면 좋겠어요?"

"행복하게 지내면 좋겠어. 혹시라도 이렇게 험한 산을 헤매지 말고, 편안한 곳에서 좋아하는 유튜브도 맘껏 하면서……."

라이미 유령은 엄마를

안고 엉엉 울었다. 호시탐탐 라이미 유령을 체포할 기회를 노리며 유령 그물을 꼭 쥐고 있던 마방진은 유령 그물을 내려놓았다. 라이미 유령을 강제로 체포하지 않고 잘 달래서 유령 세계로 데려갈 수 있을 것 같았다.

"라이미, 유령 세계에 가면 네 엄마의 바람처럼 네가 바라는 것들을 다 할 수 있어. 령튜브에 채널을 열고 유령 크리에이터가 될 수 있어. 령튜브도 유령들에게 얼마나 인기 있다고!"

라이미 유령은 원망스러운 눈으로 마방진을 바라보다가 사랑스러운 눈으로 엄마를 바라보았다.

"엄마, 화이트를 잘 돌봐 주세요."

천재는 화이트를 라이미 엄마 품에 안겨 드렸다.

라이미 엄마는 화이트를 꼭 끌어안았다. 라이미를 안고 싶은 마음을 화이트에게 담은 것 같았다.

"화이트, 엄마를 잘 부탁해."

라이미 유령은 화이트의 머리를 살살 쓰다듬었다. 화이트는 걱정 말라는 듯 코를 찡긋거렸다.

"이제 됐어요. 유령 세계로 갈게요."

마방진은 당장 문지기 유령에게 유령길을 열어 달라고 유령톡을 보냈다. 곧 하늘에서 유령들만 볼 수 있는 빛이 쏟아지면서 유령길이 내려왔다.

라이미 유령이 막 유령길로 올라가려는 순간, 마방진이 앞을 가로막았다.

"잠깐, 문제가 생겼어. 이건 수수께끼 징검다리 유령길이야. 잘못된 징검다리를 밟았다가는 영영 유령 세계로 못 올라갈 수도 있어. 뭐가 잘못됐길래 이런 길이 내려왔지?"

문지기 유령에게 다시 유령톡이 왔다.

'맨날 문지기 유령을 들들 볶는 탐정 유령 마방진, 사각형 징검다리를 잘 밟고 올라오도록. 잘못 밟으면, 어둠의 유령 세계로

무사히 갈 수 있을까요?

당연하지! 사각형은 네 개의 변과 네 개의 꼭짓점으로 이루어진 도형이야.

떨어질지도 모른다.'

　마방진은 문지기 유령의 장난에 쿨하게 응해 주기로 했다. 사각형을 찾는 수학 문제쯤이야 수학 탐정 유령 마방진에게는 식은 죽 먹기니까!

사각형 징검다리만 밟고 와.

도착

출발

 마방진과 라이미가 유령 세계로 떠난 뒤, 천재는 흐흐흐 귀신처럼 웃으며 귀신산을 내려왔다. 라이미 유령이 마방진 몰래 건네준 유령 카메라 때문이었다. 유령 카메라에는 라이미 유령이 찍은 벌레 유령, 동물 유령, 사람 유령들의 사진과 동영상이 아주 많았다.

크리에이터 대회 1등은 나야. 100만 구독자야, 기다려라.

 언제 숨어서 찍었는지 마방진과 유령들이 천재를 절벽 위로 올려 주는 동영상도 있었다.
 "절벽 영상만 공개해도 유튜브 구독자 10만 명은, 아니 100만 명도 금세 생길 거야. 라이미 유령, 고마워. 마방진 형아, 유령 기억을 아직 안 없애서 고마워~."
 천재는 하늘로 손을 흔들며 음흉하게 웃었다.

　탐정 유령 마방진은 유령 세계로 올라가기 전에 천재의 유령 기억을 없애는 이별 의식을 한다. 하지만 오늘은 문지기 유령의 수수께끼 때문에 정신이 없었는지 이별 의식을 깜빡했다.

　"유령 기억이 사라지기 전에 빨리 유튜브에 올려야 해. 스마트폰만 있으면 당장 올릴 텐데, 하는 수 없이 집에 가서 컴퓨터로 올려야지. 마방진 형아가 오기 전에 서둘러야지."

　천재는 버스 정류장에서 발을 동동 구르며 마을버스를 기다렸다.

　그런데 오라는 마을버스는 안 오고, 유령 사냥꾼들이 나타났다. 유령 사냥꾼들은 삐삐삐삐, 불길한 신호음을 울리며 천재 쪽으로 다가왔다.

　"꼬마야. 너 귀신산에서 내려왔니?"

　유령 사냥꾼 한 명이 요상한 기계를 천재 쪽으로 향하며 물었다. 삑삑삑삑삑, 요상한 기계는 미친 듯이 삑삑거렸다.

　"귀신산에서 뭐 봤지? 유령 같은 거?"

"아니요. 사람이 귀신을 어떻게 봐요?"

천재는 자기가 생각하기에도 어색할 만큼 큰 소리로 말했다. 유령 사냥꾼들은 고개를 비스듬히 젖힌 채 천재를 위아래로 훑어보았다. 유령들이 단체로 노려보는 눈빛보다 훨씬 더 소름 끼치는 눈빛이었다.

"이 소리는 유령의 전기 에너지를 감지하는 신호야. 너한테 유령의 전기 에너지가 나오는데 네가 유령이 아니라면 유령의 물건을 가지고 있다는 거지."

천재는 손에 든 유령 카메라를 재빨리 뒤로 숨겼다.

"몰라요. 그리고 저리 가세요. 우리 엄마가 모르는 사람하고 이야기하지 말라고 했어요."

천재는 버스 정류장을 벗어나 도로를 따라 마구 걸었다.

유령 카메라를 쥔 손에서 땀이 났다. 유령 사냥꾼들이 유령 카메라에 찍힌 영상을 보게 되면, 천재를 도와준 귀신산의 유령들을 잡으러 갈 거다. 탐정 유령 마방진까지!

'마방진 형아를 잡아가게 놔두진 않겠어.'

"어? 꼬마야, 그 카메라는 뭐냐? 유령이라도 찍었냐?"

천재를 쫓아오던 유령 사냥꾼의 발걸음이 빨라졌다.

'뺏기면 어쩌지? 그래, 마방진 형아에게 구조 요청을 하자!'

천재는 마방진을 부르려다가 재빨리 멈췄다. 지금 마방진이 나타나면 유령 사냥꾼들에게 잡힐지 모른다.

'마을버스, 마을버스야 빨리 와.'

부웅, 천재의 속마음을 듣기라도 한 듯 마을버스가 모퉁이를 빠르게 돌아왔다. 천재는 손을 번쩍 들고 마구 흔들었다. 마을버스 기사 아저씨는 버스 정류장이 아닌 데도 멈춰서 천재를 태워 주었다.

"겁 없는 초딩, 또 귀신산에 갔다 왔냐? 얼른 타라. 곧 해진다."

"감사합니다."

후유, 천재는 안도의 한숨을 내쉬었다. 하지만 아직 안심하면 안 됐다. 유령 사냥꾼들도 천재를 따라

마을버스에 타는 게 아닌가!

 천재는 일부러 기사 아저씨 바로 뒤에 앉았다. 유령 사냥꾼들은 맨 뒷자리에 앉았다. 뒤에서 어찌나 강렬하게 천재를 쳐다보는지 뒤통수가 따끔따끔할 지경이었다.

 '버스에서 내리면 또 따라오겠지? 유령 동영상을 어쩌지?'

 100만 구독자를 모을 비장의 동영상. 천재를 인기 크리에이터로 만들어 돈방석에 올려 줄 유령 동영상. 까딱 잘못했다가는 유령 사냥꾼들에게 탐정 유령 마방진의 정체를 들키게 할 동영상.

 어휴, 천재는 한숨을 크게 쉬고 유령 카메라의 동영상을 삭제했다. 하나도 남기지 않고 모조리!

 천재는 유령 사냥꾼을 겨우 따돌리고 집에 도착했다. 그런데 마방진이 먼저 와서 기다리고 있었다.

"아웅, 천재야. 늦었네. 이별 의식을 하려고 기다리고 있었어."

"마을버스가 너무 늦게 와서. 헤헤."

천재는 마방진에게 유령 사냥꾼 이야기를 하지 않았다. 마방진이 알면, 천재가 자기 때문에 겁먹었다고 걱정할 거다. 그러면 유령 세계로 올라가지 않고 천재 주위를 맴돌며 지켜 줄지도 모른다. 그러다 유령 사냥꾼들에게 들키기라도 하면 마방진이 위험해진다.

이제 천재는 마방진이 걱정할 일을 적당히 숨길 만큼 꽤 크고 용감해졌다.

"마방진 형아, 우리 이제 헤어져야겠네."

"응, 너무너무 아쉽지만 다시는 만나지 말자. 인간 초딩은 인간답게 살아야지 자꾸 유령 세계에 엮이면 못 써."

맞다. 인간 초딩은 인간 초딩끼리 살면서 유튜브를 보고,

유령들은 유령들끼리 지내며 령튜브를 봐야 한다. 천재는 사랑을 담뿍 담은 눈으로 마방진을 한 번 봐 주고 눈을 감았다.

천재는 유령 기억을 잃는 게 하나도 아쉽지 않다. 언젠가 또 만날 거니까.

마방진은 라이미 유령과 함께 수수께끼 징검다리 유령길을 건넜다. 무사히 유령길을 건너는 동안 마방진의 눈시울은 붉어져 있었다.

맑고 순수한 영혼을 가진 천재를 언제 다시 볼 수 있을지 벌써 그리웠기 때문이다.

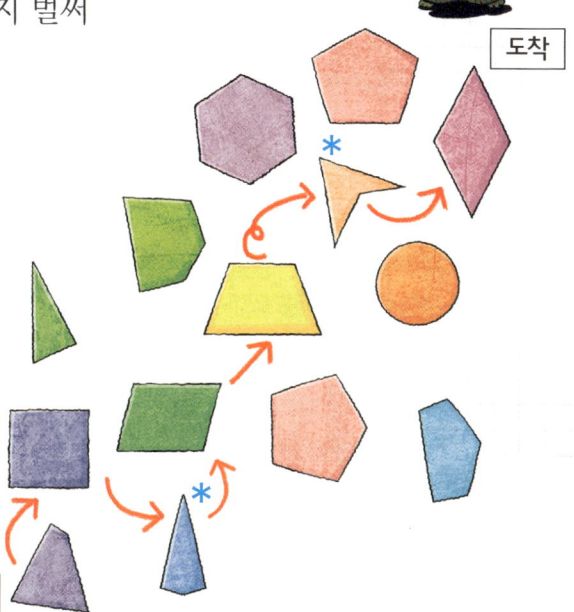

사각형은 4개의 변과 4개의 꼭짓점으로 이루어진 도형이다. 그래서 *표시가 있는 도형 2개도 사각형이다.

에필로그

크리에이터 대회의 우승자

"아우웅. 내가 왜 눈을 감고 있지? 졸았나? 졸면서 악몽을 꿨나?"

천재는 정신이 몽롱했다. 몸도 여기저기 아팠다. 꼭 유령들에게 쫓겨 벼랑 끝에 매달려 있다가 구조된 것처럼 팔이 뻐근하고, 다리가 팍팍했다.

하지만 아픈 팔다리는 문제가 아니다! 크리에이터 대회 결선 마감 전까지 올릴 영상을 빨리 찍어야 한다.

"지금 몇 시지?"

으악! 시간이 두 시간도 안 남았다. 천재는 흰둥이를 달래서 영상을 찍고 편집을 하려면 몸이 두 개라도 모자랄

것 같았다.

"흰둥아, 이리 와."

흰둥이가 쪼르르 달려왔다.

"앉아. 일어서. 코 자."

흰둥이는 웬일인지 천재의 말을 착착 들었다. 예감이 좋았다. 이제 스마트폰으로 이런 귀여운 흰둥이 모습을 찍고 '강아지 훈련 시키기'란 제목으로 영상을 올리기만 하면 된다.

"앗, 그런데 내 스마트폰이 어디 있지?"

천재는 덤벙대며 스마트폰을 찾았다. 천재는 방안을 뒤지고, 거실을 뒤지고, 욕실을 뒤지고, 흰둥이의 집까지 발칵 엎었다. 하지만 소름 절벽 밑에 떨어진 스마트폰이 나타날 리 없었다.

"귀신이 곡할 노릇이야. 내 스마트폰, 내 보물, 내 생명,

내 영혼의 스마트폰은 어디 간 거야아."

 천재는 유령 세계까지 들릴 만큼 쩌렁쩌렁 외쳤지만 스마트폰은 끝내 돌아오지 않았다. 천재는 결국 크리에이터 대회에 낼 영상을 찍지 못했다.

 크리에이터 대회의 1등은 당연히 지한이었다. 지한이는 짧은 대회 기간 동안 〈진지한의 즐수학 TV〉에 무려 5개의 영상을 올렸다.

 하나같이 참 수학적이고 교육적이고 평화로운 영상이라 조회수도 딱 교육적인 정도였다. 그런데도 1등을 하고 상품을 싹쓸이하다니! 천재는 부러워서 온몸이 부들부들 떨렸다.

 크리에이터 대회를 준비하느라 흰둥이 미용시키는 데 소중한 용돈만 홀랑 날리고 빈털터리가 된 천재는 터덜터덜

집으로 걸어갔다.

다시는 크리에이터 같은 거 한다고 시간 낭비, 돈 낭비하지 않을 거야! 하며 툴툴거릴 줄 알았던 천재는 다행인지 불행인지 그런 속 좁은 아이는 아니었다.

천재는 더 큰 꿈을 꾸었다. 눈만 감으면 100만 구독자를 모을 아주 특별한 콘텐츠가 기억날 듯 말 듯 머릿속을 간지럽히고 있었기 때문이다.

"그 콘텐츠만 생각나 봐. 바로 멋지게 유튜브 동영상을 찍을 거야."

천재는 잃어버린 최신 스마트폰 대신 엄마에게 물려받은

구닥다리 스마트폰을 만지작거리며 눈을 감았다. 100만 구독자를 달성해 골드 버튼을 받고, 1000만 구독자를 달성해 다이아몬드 버튼을 받는 자신의 모습이 둥실 떠올랐다.

보호받는 키즈 크리에이터

유튜브 채널에 영상을 올리면 누구나 크리에이터가 될 수 있다. 이때, 14살이 안 된 어린이는 특별히 '키즈 크리에이터'라고 부른다.
키즈 크리에이터는 유튜브 세상에서도 어린이의 권리를 보호받는다.
그래서 어른 크리에이터와 조금 다른 법을 따라야 한다.

1. 키즈 크리에이터는 혼자서 실시간 라이브 방송을 할 수 없다.
2. 키즈 채널의 영상에는 댓글을 달 수 없다.
3. 개인 맞춤형 광고가 붙지 않는다.

악플로부터 키즈 크리에이터를 보호하고, 광고 수익 때문에 일하듯이, 원하지 않는 영상을 찍지 않아야 하기 때문이다.

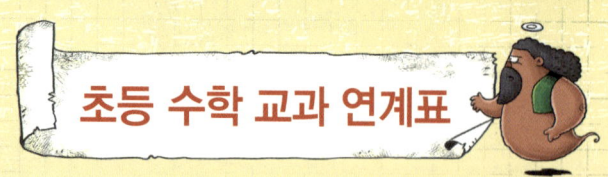

초등 수학 교과 연계표

수학 개념	본 책	관련 단원	
		학년-학기	단원
각기둥과 각뿔	54p, 56p	6-1	2. 각기둥과 각뿔
거리 구하기	111p	2-2	3. 길이 재기
무게 환산, 나눗셈	74p	3-2	5. 들이와 무게
		4-1	3. 곱셈과 나눗셈
분수의 곱셈	80p, 81p	5-2	2. 분수의 곱셈
분수의 크기 비교	80p	3-2	4. 분수
사각형	134p	2-1	2. 여러 가지 도형
세 자리 수 뺄셈	20p	3-1	1. 덧셈과 뺄셈
소수의 정의	98p, 99p	3-1	6. 분수와 소수
시간과 시각	64p, 65p	2-2	4. 시간과 시각
자료의 정리	34p, 35p	3-2	6. 자료의 정리
전통 단위 환산	122p	수학 상식	
직각 찾기	88p	3-1	2. 평면도형
직각삼각형 만들기	85p	3-1	2. 평면도형
큰 수의 곱셈	28p		3. 곱셈과 나눗셈

퀴즈! 과학상식 〈전86권〉

엉뚱한 유머와 상상을 초월하는 재미가 가득!
쉽고 재밌는 과학·수학 원리가 머리에 쏙쏙!

#	제목	#	제목
1	동물	44	황당 과학
2	인체	45	공포 과학 사건
3	우주	46	공격·방어
4	발명·발견	47	황당 수학
5	물리·화학	48	꼬질꼬질 과학
6	날씨·환경	49	오싹오싹 과학
7	바다·해저	50	미스터리 수학
8	곤충	51	공부 과학
9	똥·방귀	52	공포 수학 사건
10	로봇	53	미스터리 암호 과학
11	몸속 탐험	54	공포 퍼즐 수학
12	지구 탐험	55	황당 추리 수학
13	에너지	56	황당 수수께끼 과학
14	전기·자석	57	황당 마술 수학
15	독·희귀 동·식물	58	황당 요리 수학
16	로켓·인공위성	59	SOS 생존 과학
17	두뇌 탐험	60	공포 미로 수학
18	벌레	61	황당 암호 수학
19	사춘기·성	62	SOS 쓰레기 과학
20	남극·북극	63	황당 캠핑 수학
21	동굴 탐험	64	황당 게임 수학
22	사막·정글	65	최강 개그 과학
23	질병·세균	66	황당 요괴 수학
24	화산·지진	67	황당 도형 수학
25	불가사의	68	황당 직업
26	세계 최고·최초	69	황당 연산 수학
27	천재 과학자	70	황당 개그 수학
28	파충류·양서류	71	황당 텔레비전 수학
29	실험·관찰	72	황당 불량 과학
30	응급처치	73	뇌와 인공 지능
31	미래 과학	74	최강 로봇 수학
32	벌레잡이 식물	75	빅데이터 과학
33	식품·영양	76	드론 과학
34	스포츠 과학	77	가상 현실·증강 현실
35	엽기 과학	78	사물 인터넷 과학
36	공룡	79	황당 방송 과학
37	별난 연구	80	3D 프린팅 과학
38	과학수사	81	엉뚱 실험 수학
39	공포 과학	82	황당 측정 수학
40	공포 미스터리	83	유튜브 크리에이터
41	별난 요리	84	세계 불가사의 수학
42	공포 독·가스	85	귀여운 강아지 과학
43	공포 마술	86	엔트리 코딩

★퀴즈! 과학상식 시리즈는 계속 나옵니다.